PETRA SCHNEIDER

Die Seele verstehen

WAS SIE VON DER SEELE LERNEN KÖNNEN

EIN EINFÜHRENDES UND UMFASSENDES HANDBUCH
FÜR DEN ZUGANG ZUR SEELE, ZUR INTUITION UND
ZU DEN GEISTIGEN HELFERN
– MIT MEDITATIONEN UND ÜBUNGEN –

WINDPFERD

1. Auflage 2009
© 2008 Windpferd Verlagsgesellschaft mbH, Oberstdorf
www.windpferd.de
Alle Rechte vorbehalten
Umschlaggestaltung: Peter Krafft Designagentur, Bad Krozingen
Lektorat: Sylvia Luetjohann
Layout: Marx Grafik & ArtWork
Gesetzt aus der Adobe Garamond
Gesamtherstellung: Schneelöwe Verlagsberatung & Verlag, Oberstdorf
Gedruckt auf säurefreiem, chlorfrei gebleichtem Papier
Printed in Germany · ISBN 978-3-89385-582-7

Aus einer zeitlosen Welt
Fallen Schatten auf die Zeit,
Aus einer Schönheit älter als die Erde,
Eine Leiter möge erklimmen die Seele.
Ich steige auf Schattenstufen
In eine Helligkeit, älter als die Zeit.

A. E. (IRISCHER DICHTER)

Inhalt

1.
Die Seele antwortet

Warum bin ich hier? Wo komme ich her? Wo gehe ich hin? – Diese Fragen sind vermutlich so alt wie die Menschheit. Auch in meinem Leben existieren sie, seit ich nachdenke. Wie oft habe ich dagestanden und nicht gewusst, wie es weitergeht, wohin ich mich wenden soll, was der nächste Schritt ist. Wie oft war ich unzufrieden und enttäuscht. Ich wusste zwar, dass ich so nicht weiterleben wollte. Aber ich wusste nicht, was ich wirklich wollte, was mich glücklich macht. Es war so, als hätte ich mich im Wald verlaufen. Müde vom Herumirren stand ich vor immer neuen Wegkreuzungen, ohne zu wissen, welcher Weg mich aus dem Wald herausführt und welcher in einen Abgrund. Was ich gebraucht hätte, wäre eine Landkarte oder ein Führer gewesen – besser noch: ein Führer mit Landkarte.

Heute habe ich den Führer mit Landkarte gefunden. Er weiß, wo ich mich befinde, er weiß, wo ich hin will, und er kennt die vielen möglichen Wege dorthin, zwischen denen ich wählen kann. Dieser Führer ist meine Seele. Leider spricht er eine Sprache, die schwer zu verstehen ist. Es blieb mir also nichts anderes übrig, als diese Sprache zu erlernen, wenn ich leichter durch den Wald des Lebens kommen wollte.

Nachdem ich den Führer mit Landkarte entdeckt hatte, stellte ich fest, dass die Seele mich auch schon vorher führte. Ich hatte es nur nicht bemerkt. Ich hatte mich auch nicht verlaufen. Als ich mir die zurückgelegten Wege anschaute, erkannte ich, dass ich mich schon seit langem aus dem Dunkel des Waldes hinausbewegt hatte. Und ich erkannte, dass die Seele noch mehr weiß. Sie kennt die Antworten auf die Fragen: Was macht mich zufrieden? Wie werde ich glücklich? Welche Fähigkeiten habe ich? Welche Ursachen haben meine Schwierigkeiten? Warum fühle ich mich fremd? Woher kommt die Sehnsucht, die mich immer wieder mit dem Erreichten unzufrieden sein lässt und mich immer wieder von neuem auf die Suche treibt? Worin besteht meine Aufgabe? Was will ich im Leben bewirken? Wie finde ich zu Stille und zum inneren Frieden?

Die Antworten der Seele waren schon immer da. Ich hatte sie nur nicht verstanden, und so waren sie untergegangen in den vielen anderen Stimmen: der Stimme der Angst, den Stimmen meiner anerzogenen Glaubenssätze, der Stimme des Widerstandes, der Stimme der Resignation, der Stimme des Verstandes. Sie alle waren lauter als die leise Stimme der Seele, die eher einem diffusen Gefühl, einer Ahnung glich.

Nachdem ich die Stimme der Seele erkannt hatte, lernte ich ihre Antworten und ihre Impulse zu verstehen. Dabei stellte ich fest, dass sich die Seele nicht nur als Gefühl oder Ahnung äußert. Sie spricht auch in Bildern, in Träumen, in Wünschen und in Situationen des Lebens. Als ich herausfand, wie ich die Antworten der Seele bewusst erhalten kann, entdeckte ich auch, was die Seele alles weiß. Sie besitzt Erfahrungen, Fähigkeiten, Wissen und Möglichkeiten, die weit über meine Fragen hinausgehen.

Die Seele führt uns nicht nur durchs irdische Leben. Sie kann uns auch durch unsere innere Welt führen, zur Bibliothek der Erfahrungen und des Wissens, an Plätze der Stille und des Friedens, zum Ursprung und zur Verbindung mit dem Göttlichen. Dabei entdecken wir etwas sehr Kostbares: unser wahres Wesen.

Seitdem ich die Seele verstehe, ist vieles klarer und einfacher. Ich habe Zugang zu Wissen, das mir vorher verborgen war. Die anstehenden Schritte sind schneller sichtbar und ebenso, was ich in schwierigen Situationen lernen soll. Mein Leben ist erfüllt von innerem Frieden, Dankbarkeit und der Gewissheit, einen Zugang zur Weisheit gefunden zu haben, der mich führt.

Dieses Buch kann ein Schlüssel sein, um die Seele zu verstehen. Neben Informationen enthält es Meditationen, mit denen Sie die Verbindung zu ihrer Seele stärken können, so dass Sie die Antworten deutlicher hören. Die Meditationen ermöglichen auch, mit geistigen Wesen wie dem Schutzengel, dem Seelenbegleiter und geistigen Lehrern in Kontakt zu kommen.

Beim Lesen des Buches wird nicht nur Ihr Verstand angesprochen. Auch die Seele erhält Impulse. Es ist sogar möglich, dass der Verstand an manchen Stellen rebelliert, während die Seele zustimmt und die Tür zum inneren Wissen öffnet. Daher kann es sinnvoll sein, dieses Buch mehrmals in Abständen zu lesen. Jedes Lesen und jede Wiederholung der Meditationen lässt Sie tiefer in das Wissen der Seele eintauchen.

2.
Eine Begegnung mit Folgen

Das Rainbow-Festival war zu Ende, und meine Schwester Marianne und ich begannen mit dem Abbau des Standes, als sich ein Mann zu uns stellte und uns beobachtete. Er sah aus, als wäre er gerade einem Mittelalterfilm entsprungen: ein weißes Gewand, das bis zum Boden reichte, selbstgemachte Ledersandalen, eine Kette mit einem keltischen Kreuz. Gestützt auf seinen mannshohen Wanderstab, schaute er uns an.

„Wir könnten durchaus männliche Hilfe gebrauchen, denn wir sind nur zwei schwache Frauen", scherzte ich, um das Schweigen zu brechen.

„Frauen sind nicht schwach. Im Gegenteil, sie sind stärker als Männer. Ich muss das wissen, denn mein Orden besteht zu 80 % aus Frauen. Und die können alles."

Und dann begann er zu erzählen, von seinem Orden, in dem er der Merlin sei, von Druiden, dass er seit seinem sechsten Lebensjahr zum Druiden ausgebildet wurde und dass das druidische Wissen seit 50 Generationen in seiner Familie weitergeben wird. Er erzählte von Avalon und Atlantis, den unterschiedlichen Seelen, von Drachen und Zwergen und den Elohim und ihren Welten. Wir hörten zu und bauten weiter ab. Das tat ich auch schon deshalb, damit der Mann nicht meine Gedanken auf meinem Gesicht ablesen konnte. Denn mein Verstand schrie laut auf: Welch ein abgehobenes Zeug! Der spinnt doch! Und wie er schon aussieht! Doch erstaunt beobachtete ich, dass in mir gleichzeitig mit diesem Protest etwas ruhig wurde und zustimmte.

Auf dem Heimweg sprachen meine Schwester und ich noch lange über das Gehörte und über die Einladung, die wir bekommen hatten. Etwas in uns war in Aufruhr und in freudiger Erwartung, so als würde mit dieser Begegnung ein neuer Abschnitt in unserem Leben beginnen. Wir ahnten damals nicht, welche Tür zu altem Wissen durch diese Begegnung aufgestoßen wurde und welche Auswirkung das auf unser Leben haben würde.

In den Wochen nach dieser Begegnung öffnete sich für mich ein Zugang, den ich vorher nicht hatte. Ich bekam Kontakt zu meinem Seelenbegleiter und zu meiner Seele mit ihrem Wissen. Ich erinnerte mich an frühere Fähigkeiten. Ich wusste, worin der nächste Schritt, die nächste Aufgabe für mich bestand: dass es an der Zeit war, Menschen wieder an ihr wahres Wesen und an das Wissen und die Gaben zu erinnern, die in ihnen schlummern. Und ich wusste auch, dass diese Aufgabe mir sehr vertraut war und dies nicht meine erste Inkarnation mit dieser Aufgabe war.

Fasziniert beobachtete ich, was sich in den folgenden Wochen veränderte. Ich konnte zwar auch vorher schon bei anderen Menschen Ursachen, Zusammenhänge und karmische Verstrickungen in Situationen wahrnehmen. Doch nach der Begegnung wurde dies wesentlich deutlicher – und vor allem: Ich sprach sie mit einer Selbstverständlichkeit aus, als würde ich über das Wetter von gestern sprechen. Der Unterschied war so gravierend, dass ich innerlich oft erstaunt den Kopf schüttelte. Vorher hatte ich mich meist nicht getraut, solche Einsichten weiterzugeben, aus Angst, dass sie nicht stimmten oder ich mich blamierte. Die Zweifel meines Verstandes hatten mich blockiert.

In den Wochen nach der Begegnung bekam ich auch Zugang zu einer neuen feinstofflichen Schwingungsessenz, die den Namen „Schönheitselixier" erhielt. Bisher hatten wir bei LichtWesen nur Essenzen mit der Energieschwingung von geistigen Wesenheiten, von Engeln und Aufgestiegenen Meistern. Ich hatte zwar schon öfter den Hinweis erhalten, auch mit Edelstein- und Pflanzenenergien zu arbeiten, doch das hatte ich bisher immer abgelehnt. Die geistigen Kräfte waren mir vertraut; mit den irdischen Energien konnte ich dagegen nicht viel anfangen, sie waren mir zu dicht. Doch im Schönheitselixier war nun neben der Schwingung der geistigen Wesen all das enthalten: die Energien von Pflanzen, Edelsteinen und Farben, Heilenergie. Und was für mich neu war: Es enthielt auch den goldenen und silbernen Strahl der Elohim.

Was mich dabei am meisten faszinierte: Als ich das Schönheitselixier zum ersten Mal energetisierte, um es zu testen, war es für mich so, als hätte ich dies schon hunderte Male gemacht. Bisher hatte ich mich auf neue Essenzen immer vorbereiten und einstimmen müssen. Beim Schönheitselixier bekam ich die Infos, welche Kräfte enthalten waren, und machte es.

Es stellte sich heraus, dass das Schönheitselixier nicht nur auf die innere Schönheit und die Ausstrahlung wirkt. Für Menschen, deren Seele sich erinnern will, öffnet es auch den Zugang zum Wissen der Seele und zu dem, was jetzt sichtbar werden will. Rückmeldungen von Anwendern bestätigten später: Auf der körperlichen Ebene bringt das Schönheitselixier Entspannung und Wohlbefinden. Doch für Menschen, die sich an das Wissen ihrer Seele erinnern wollen, stärkt es die Verbindung zu ihr. Eine Anwenderin beschrieb es so: „Die Schönheit der Seele wird dadurch sichtbar."

Genauso wie mit dem Schönheitselixier ging es mir mit dem Seminar „Einweihung in die Seelenenergie", das auch nach der Begegnung auf dem Rainbow-Festival entstand. Das Wissen war da, die Erinnerung war da, und gleichzeitig war auch der Zugang zu den feinstofflichen Kräften da, die den Menschen unterstützen, sich zu erinnern.

Auch bei meiner Schwester Marianne öffnete sich der Zugang zu neuen Fähigkeiten und zu Wissen. Das Ungewöhnliche bei ihr war, dass sie ihre Informationen in Gedichtform bekam, obwohl sie vorher noch nie geschrieben oder gar gedichtet hatte. Ich hatte Jahre vorher einmal versucht, Gedichte zu schreiben, und für mich war es mühsame, zeitintensive Arbeit gewesen. Ich musste mir zuerst überlegen, was ich schreiben wollte, und rang dann mit den Worten, die das treffend ausdrücken und sich obendrein noch reimen sollten. Bei Marianne entstehen die Gedichte, ohne dass sie nachdenkt. Kein Wort muss geändert werden. Sie schreibt sie auf, ihre Form ist perfekt, und sie enthalten Informationen, die sie vorher nicht kannte. Und nicht nur das: Sie enthalten einen besonderen Zauber, der den Zuhörer berührt und tief in ihm eine Erinnerung und ein Gefühl von Vertrautheit und Frieden weckt. Es sind Botschaften der Seele in gereimter Versform.

Seit der ersten Begegnung mit Thomas Göbel, dem Druiden, ist nun ein Jahr vergangen. Dieses Jahr habe ich auf dem Festival in Baden-Baden meinen ersten Vortrag über die Seele und Seelenbegleiter gehalten. Der große Saal, in dem der Vortrag stattfand, war voll. Obwohl ich schon zahlreiche Vorträge auf dem Festival gehalten hatte, gab es noch nie so viele interessierte Zuhörer. Und noch nie sind nach dem Vortrag und der Meditation so viele Menschen an meinen Stand gekommen, um mir mitzuteilen, wie berührt sie waren. Auf die Frage, ob es ein Buch dazu gebe, hörte ich mich antworten: „Noch nicht, aber im Laufe des Jahres wird es geschrieben."

Nun sitze ich, drei Tage nach dem Festival, vor meinem PC und schreibe. Gestern wusste ich noch nicht, welche Inhalte das Buch haben würde, außer dass es um die Seele, den Seelenbegleiter und den Lebensplan gehen würde. Heute Morgen war die Struktur klar. Obwohl ich im Moment von der vielen Arbeit und den Aufgaben, die ich sonst noch zu bewältigen habe, erschöpft bin, bin ich beim Schreiben voller Kraft und Freude. Und ich habe Zeit dafür, obwohl mein Terminkalender eigentlich voll ist.

3.
Der Ausgangspunkt – Modelle und Begriffe

Jeder Aussage und jedem Buch liegt ein Konzept zugrunde, ein Weltbild. Als promovierte Naturwissenschaftlerin habe ich gelernt, Grundlagen, von denen ich ausgehe, zu definieren. Daher finden Sie auch hier eine Beschreibung des Weltbildes, das diesem Buch zugrunde liegt, und eine Beschreibung der Begriffe, die ich verwende und die von anderen mit einer anderen Bedeutung verwendet werden.

Ein Weltbild ist ein Erklärungsmodell, mit dessen Hilfe man Zusammenhänge und Wirkungen veranschaulichen und verstehen kann, was ohne das Modell nicht oder nur schwer möglich wäre. Ein gutes Beispiel ist das Atommodell von Bohr, das die meisten in der Schule gelernt haben. Es beschreibt den Atomaufbau mit dem Bild von Kügelchen. Die Elektronen fliegen wie Kügelchen in Bahnen um das zentrale Kügelchen Atomkern. Die Wirklichkeit ist viel komplizierter, der Atomkern besteht nicht nur aus einem Kügelchen, sondern aus Protonen, Quarks und leerem Raum. Dennoch ist das Modell nicht falsch. Im Gegenteil, es ist eine brauchbare vereinfachte Darstellung, mit der man arbeiten kann.

Modelle müssen funktionieren, wie das Beispiel vom Bohrschen Atommodell zeigt. Das Modell der Seele und des Lebensweges funktioniert ebenfalls. Es ist nicht meine Erfindung. Es existiert schon seit Jahrhunderten in unterschiedlichen Religionen und Kulturen. Dass es brauchbar ist, weiß ich nicht nur aus eigener Erfahrung. Ich habe mit vielen Menschen gesprochen, die dieses Modell und die

Techniken zur Verbindung mit der Seele angewendet haben. Auch in meinen Seminaren verwende ich es erfolgreich. Doch Sie sollen mir nichts einfach nur glauben. Meine Empfehlung ist: Probieren Sie es aus! Entweder es funktioniert, dann hat es Ihr Leben bereichert. Oder es funktioniert nicht, dann legen Sie es einfach wieder zur Seite.

Seitdem ich mit dem Bild des Seelenraumes und des Seelenbegleiters arbeite, stelle ich immer wieder fest, dass dieses Modell funktioniert und hilfreich für das tägliche Leben ist.

Konzepte und Modelle helfen auch, bestehende Strukturen zu erkennen und sich von dem zu befreien, was der eigenen Wahrheit nicht entspricht.

Sie brauchen mein Weltbild nicht zu übernehmen, um die Informationen des Buches für sich nutzen zu können. Sie können die beschriebenen Erkenntnisse und Methoden auch verwenden, wenn Sie ein anderes Weltbild haben – aber das werden Sie selbst entdecken.

Es ist möglich, dass Ihr Verstand bei manchen Aussagen und Modellen dieses Buches aufschreit. Mit geht es auch immer noch so, obwohl sich meine Sicht der Welt seit meiner Studienzeit beachtlich erweitert hat. Als ich die Erklärungen von Thomas Göbel, dem Druiden, zu Atlantis und Menschen mit Engel-, Drachen-, Zwergen-, Wichtel- und Feenseelen hörte, sträubten sich meine Nackenhaare. Durch mein naturwissenschaftliches Studium ist mein „irdisch" analytischer Verstand gut ausgebildet. Ich bin in einer katholischen Familie aufgewachsen. Einige Jahre habe ich mit einem Atheisten verbracht und wurde dadurch selbst zur Atheistin. Ich habe mich mit den Ansichten verschiedener Philosophen beschäftigt und alles abgelehnt, was über eine materielle Sichtweise hinausging. Erst durch eine persönliche Krise begann ich, mich mit den Denkmodellen der spirituellen Lehren zu beschäftigen. Mit 28, als ich gerade promovierte, hörte ich zum ersten Mal von Bachblüten. Ich reagierte entsetzt darauf: „Wie können Menschen in der heutigen Zeit an so etwas glauben?" Hätte mir damals jemand vorhergesagt, dass ich selbst einmal Essenzen mit feinstofflicher Wirkung herstellen und ein

Buch über die Seele und den feinstofflich-geistigen Seelenbegleiter schreiben würde, ich hätte ihn für verrückt erklärt. Ich hätte eher geglaubt, dass ich selbst zum Mond fliegen würde. Damals meinte ich, dass Menschen, die an feinstoffliche Energie glauben, nicht logisch denken könnten. Heute habe ich erkannt, dass sich ein logischer, präziser Verstand und das Annehmen einer geistig-feinstofflichen Welt nicht ausschließen. Meiner Ansicht nach ist es vermessen, eine geistig-feinstoffliche Welt nur deshalb als nicht existent zu betrachten, weil man sie selbst nicht wahrnimmt – ähnlich wie ein Mensch mit Rotgrünblindheit nicht davon ausgehen kann, dass alle Menschen, die rot und grün sehen, Phantasten sind. Auch am Tage leuchten die Sterne am Himmel; man sieht sie nur nicht, weil die Sonne zu hell ist. Und so übertönt die Stimme des Verstandes oft auch unsere innere Stimme der Weisheit und der Seele.

Da ich die Konflikte zwischen Verstand und innerer Weisheit aus eigener Erfahrung kenne und weiß, dass es anderen Menschen auch so geht, möchte ich beschreiben, wie ich heute damit umgehe. So können Sie für sich selbst leichter einen eigenen Weg finden. Meist schreit der Verstand auf, weil das Gehörte oder Gelesene dem Erlernten und dem Weltbild unserer Kultur widerspricht. Das Wort „widerspricht" ist eigentlich nicht passend. Die Sichtweisen, die uns dabei begegnen, liegen außerhalb unserer bisherigen Vorstellung. Inwieweit wir uns für Neues öffnen können, ist von unserer Erfahrung und Neigung abhängig. Für Menschen, die naturwissenschaftlich ausgebildet sind und in einer Umgebung leben, die ausschließlich materialistisch geprägt ist, ist die Vorstellung absurd, dass wir neben dem physischen Körper auch einen energetischen Körper besitzen. Für Menschen, die Yoga- und Meditationserfahrung haben, sind die Begriffe Energiekörper und Energiebahnen ganz selbstverständlich, aber sie tun sich vielleicht schwer mit der Vorstellung von Engeln und geistigen Wesen.

Natürlich ist es nicht so, dass wir jede Sichtweise, die uns heute absurd erscheint, irgendwann als wahr einstufen. Meiner Erfahrung nach gibt es durchaus Unsinn und falsche oder, besser gesagt, schädliche Sichtweisen. Aber wie trennt man die Spreu vom Weizen, wenn man sich auf dem Weg befindet? Was tut mir gut, was schadet mir? Sabrina Fox verwendet in ihren Vorträgen ein anschauliches Bild dafür, was geschieht, wenn man Unverträgliches zu sich nimmt. Sie verwendet das Bild eines Süßwarenladens, in dem es auch Produkte gibt, die uns nicht bekommen. Wenn wir die essen, wird uns schlecht. Deshalb sollte man achtsam sein mit dem, was man isst. Auch wenn wir zu viele Süßigkeiten essen, ohne zwischendurch eine Pause zu machen, um sie zu verdauen, wird uns schlecht. Nicht anders ist es mit den Informationen des spirituellen Weges.

Wie finde ich nun heraus, was mir bekommt? Für mich haben sich drei Techniken bewährt:

1. Ich stelle mir die Frage: Wie reagiert mein Herz auf diese Information oder Technik? Viele Menschen können an ihrer inneren Reaktion erkennen, ob etwas für sie passt. Wenn etwas passend ist, dann empfinden sie Wärme, ein Fließen, Wohlbehagen, ein angenehmes Berührtsein, ein Zur-Ruhe-Kommen, oder das Herz wird weit. Wenn Aussagen stimmen, stellen sich bei manchen Menschen auch die Härchen hoch. Sie bekommen so etwas wie eine angenehme Gänsehaut. Wenn die Information oder die Technik nicht passt, dann empfinden Menschen oft etwas Unangenehmes, ein Unbehagen, Ablehnung oder eine unergründliche Angst. Es wird ihnen kalt ums Herz, es wird eng, es krampft sich zusammen, der Energiefluss stockt. Manche hören auch eine warnende Stimme in sich.

2. Ich gehe in meinen inneren Raum der Weisheit und stelle dort die Frage: Ist diese Information/Technik für mich hilfreich und förderlich oder ist sie für mich ungeeignet?

3. Da ich einen starken Bezug zu Engeln habe, bitte ich einen Engel, mir ganz deutlich zu zeigen, ob diese Sichtweise oder Technik mir dient oder nicht.

Sabrina Fox nennt diese Vorgehensweise auch: durch Seele und Herz hören. Denn Herz und Seele sind die inneren Barometer. Jeder Mensch hat einen inneren Wegweiser, ein Gefühl oder eine Gewissheit, was für ihn zu diesem Zeitpunkt hilfreich oder schädlich ist. Es kann sein, dass wir eine Sichtweise ablehnen, weil sie unser Herz verschließt, und sie dann Jahre später doch akzeptieren. Trotzdem hat sich der innere Wegweiser nicht geirrt, als er die Sichtweise ablehnte. Der Verstand vertritt in solchen Situationen gerne die Meinung, dass wir uns geirrt haben. Bei genauerer Betrachtung können wir jedoch feststellen, dass die Sichtweise zu jenem Zeitpunkt zu früh kam, weil noch Entwicklungsschritte fehlten. Hätten wir diese Sichtweise früher angenommen, wären wir vielleicht in Schwierigkeiten oder innere Verwirrung geraten.

Wenn ein Mensch etwas gefunden hat, was ihm hilft oder womit er eine beeindruckende Erfahrung gemacht hat, neigt er dazu, andere zum gleichen Weg überreden zu wollen. Wenn Sie in einem Vortrag oder Seminar sind, das nicht zu ihnen passt, und Sie äußern dies den Begeisterten gegenüber, bekommen Sie oft, meist herablassend, zu hören: „Dann bist du eben noch nicht so weit." Lassen Sie sich davon nicht beeindrucken. Vertrauen Sie Ihrer eigenen Wahrnehmung. Falls Sie tatsächlich noch nicht so weit sein sollten und später den Weg doch einschlagen, war Ihre eigene Wahrnehmung richtig. Der erste Zeitpunkt war dann tatsächlich noch nicht passend. Sie sind von der Grundschule auch nicht direkt in einen Beruf gewechselt.

Grundlage dieses Buches ist die Annahme, dass es neben der materiellen Welt auch eine feinstoffliche gibt. Genau da liegt der entscheidende Unterschied zwischen einem esoterisch/spirituell ausgerichteten Menschen und einem materialistisch/rationalistisch orientierten Menschen. Für den einen besteht das Universum nur aus Materie, für den anderen existiert neben der Materie die feinstoffliche Welt. Der feinstoffliche Bereich ist bis jetzt noch nicht wissenschaftlich anerkannt. Das Wissen darüber stammt aus verschiedenen Disziplinen wie der Traditionellen Chinesischen Medizin, aus Erfahrungen der

Homöopathie, von Hellsichtigen und aus Erkenntnissen und Einsichten in einen höheren Bewusstseinsbereich. Einige Erkenntnisse dieses Buches habe ich in Meditationen erhalten. Diese Art, über eine andere Erkenntniskraft als den Verstand zu Erklärungen zu kommen, ist alt. Im christlichen Bereich wurde dies Gnosis genannt, die Menschen, die diese Technik beherrschten, Gnostiker. Dieser Weg, Erkenntnisse zu erhalten, ist bei „normalen Menschen" umstritten, was sich auch daran zeigt, dass die Gnostiker oft als Häretiker oder Ketzer verurteilt wurden.

Und noch etwas: Falls die Begriffe „Gott" oder „das Göttliche" Sie stören, ersetzen Sie diese einfach mit dem, was für Sie stimmt: Ursprung, Licht, Bewusstsein, Göttin, Großer Geist, Schöpfer …

Die Grundlagen meines Weltbildes

- Seit dem Erwachen weiß ich, dass es nur ein Sein gibt. Es ist ewig und unveränderlich. Die Welt, die wir wahrnehmen, ist wie der Film auf der ewig gleichen Leinwand. In fast allen Kulturen und Religionen machen Menschen die Erfahrung dieses einen Seins, der *Unio mystica,* des Einswerdens mit Gott, des Erwachens, der Erleuchtung, des Erkennens von Film und Leinwand oder wie auch immer es genannt wird. Bemerkenswert ist, dass diese Erfahrung trotz der unterschiedlichen Kulturen, Traditionen und religiösen Weltbilder mit ähnlichen Worten und Bildern beschrieben wird. Der Verstand, mit dem wir die Welt erfassen, hat keinen Zugang zu diesem einen Sein und kann das scheinbare Paradox vom ewigem, unveränderlichen Sein und sich verändernder Schöpfung nicht begreifen. Es gibt daher unterschiedliche Sichtweisen, Ansätze und Modelle, um den Sinn, die Struktur und die Funktion des „Films" zu erklären.
- Wenn ein Mensch die Leerheit, das Eine erfahren hat, kann die Denkstruktur der Modelle helfen, Frieden mit dem irdischen Ge-

schehen zu finden und seine eigene Sicht des irdischen Geschehens zu entwickeln.

- Wir haben eine Seele.
- Unsere Seele ist unsterblich.
- Wir sind Teil der Schöpfung und des Universums.
- Die Welt, in der wir leben, besteht aus einem grobstofflichen, materiellen Teil und aus einem feinstofflichen, geistigen Bereich. Die materielle, physische Welt können wir mit unseren körperlichen Sinnen wahrnehmen. Zu ihr gehören unser physischer Körper und alle Erscheinungen, die wir sehen, fühlen, hören, riechen, schmecken und messen können. Die feinstoffliche Ebene können wir mit den sogenannten inneren Sinnen wahrnehmen.
- Der Körper besteht aus einem physischen, materiellen Bereich und aus einem feinstofflichen Anteil, der Energiesystem genannt wird. Beides zusammen nenne ich Körper-Energiesystem. Das menschliche Energiesystem setzt sich zusammen aus den Energiebahnen (Meridianen), den Energieköpern (Aura) und den Energierädern oder Chakren, die für die Aufnahme und Verteilung der Energie zuständig sind.
- Auch der Planet Erde enthält diese beiden Anteile, den materiellen und den feinstofflichen Bereich. Die Energiebahnen der Erde werden *Leylines* genannt. Im feinstofflichen Bereich der Erde finden sich auch die Naturwesen.
- In den feinstofflichen Bereichen der geistigen Welt finden sich energetische Kräfte wie Prana, Chi, Reiki. Dort befinden sich auch feinstofflich-geistige Wesenheiten mit einem nicht-materiellen, feinstofflichen Körper. Zu diesen Wesen gehören Engel, geistige Lehrer und Aufgestiegene Meister, aber auch die Seelen von Verstorbenen. Manche Wesenheiten, die den Menschen auf seinem Weg begleiten und unterstützen, stellen ihr Wissen und ihre Energie in Meditationen zur Verfügung.
- Ziel des menschlichen Lebens ist, Erfahrungen zu machen und sich weiterzuentwickeln.

- Es kann sein, dass nicht alle Menschen dieses Ziel haben. Es ist durchaus möglich, dass es auch andere Gründe für eine Inkarnation gibt. So können manche Menschen hier sein, weil sie eine Aufgabe haben, andere, weil sie hier Urlaub machen.
- Nicht jeder Weg ist für alle Menschen passend. Die angebotenen Wege, Modelle und Techniken haben für den einen Menschen eine durchschlagende Wirkung, für einen anderen bewirken sie nichts.

Die Aussagen und Informationen in diesem Buch beschreiben keine neue Philosophie oder Glaubensrichtung. Sie stammen aus Erfahrungen und Informationen aus der geistigen Ebene, die andere Menschen und ich gemacht oder bekommen haben. Es gibt verschiedene geistige Ebenen mit unterschiedlich weisen und weitsichtigen Wesen. Da ich seit mehr als 15 Jahren mit der geistigen Ebene „arbeite" und von ihr geführt werde, habe ich gelernt, die Wesen zu unterscheiden. Ich kann wahrnehmen, aus welcher Ebene die Informationen kommen und auch, zu welcher Ebene die Wesen, mit denen ich Kontakt habe, gehören. Im Laufe der Jahre habe ich auch gelernt, gezielt Kontakt zu Wesen aufzunehmen. Trotzdem sollten Sie die Aussagen und Informationen dieses Buches mit Ihrer eigenen Wahrnehmung und Intuition überprüfen. Wenn ich etwas lese oder höre, habe ich immer ein Gefühl dazu. Etwas in mir sagt: „Ja, das passt", auch wenn mein Verstand zweifelt oder gar rebelliert. Oder es sagt: „Nein, das stimmt für mich nicht." Das war bei mir schon immer so, auch zu Beginn meines spirituellen Weges. Doch am Anfang hatte ich die Tendenz, anderen mehr zu glauben als meiner inneren Stimme.

In den folgenden Kapiteln habe ich immer wieder meine eigenen Erlebnisse einfließen lassen. Damit Sie diese schneller erkennen können, sind sie kursiv gedruckt, ebenso die Meditationen. Die Meditationen sind in persönlicher Anrede geschrieben, weil Sie dadurch leichter Zugang zu den Bildern und Energien bekommen und sich berühren lassen können.

Begriffserklärung und Glossar

Seele

Die Vorstellungen von der Seele sind heute widersprüchlicher denn je. Der Begriff ist zu einer Metapher von verwirrender Vielfalt geworden und wird verwendet für Buchtitel wie *Die Seele der Savanne, Seele des Kochens, Säure-Basen-Balance für die Seele* bis hin zu *Die österreichische Seele – Reden über Politik und Kultur.* Für viele fasst er alle Äußerungen und Regungen des Menschen zusammen: sein planendes Denken, seinen Antrieb, sein Bewusstsein mit Über- und Unterbewusstsein, seine Gemütslage und seine Stimmungen. In der Psychologie und Psychiatrie wird der Begriff Seele mit dem Begriff Psyche gleichgesetzt.

Der Begriff Seele findet sich in verschiedenen religiösen, mythischen und philosophischen Traditionen. Im Laufe der Jahrhunderte hat er sich jedoch verändert. Vom immerwährenden immateriellen Prinzip, das höher steht als der Körper und ihn überdauert, das aus dem Göttlichen kommt und zu ihm zurückkehrt, wurde Seele zu einer Bezeichnung für die neurophysiologische Funktion und Informationsverarbeitung des Körpers. Die Seele im religiösen und spirituellen Sinn umschließt das Göttliche im Menschen und ist Mittlerin zwischen Gott und lebloser Materie. Sie ist Lebensprinzip, Lebensodem, Lebenskraft. In der Medizin und Psychologie der heutigen Zeit wird die Seele zur Psyche degradiert, die den Menschen krank macht. Heiliges Zentrum des Menschen ist der Verstand, die Seele ist ihm untergeordnet, auch wenn sie seine Funktion behindern kann. Der Verstand entscheidet, ob die Seele, so wie sie ist, brauchbar ist oder krank – manchmal entscheidet dies nicht einmal unser eigener Verstand, sondern der von Ärzten und Therapeuten. So sind die Ausgaben für seelische Erkrankungen in den letzten Jahren enorm gestiegen.

In diesem Buch wird der Begriff Seele für den übergeordneten, ordnenden Anteil verwendet, der den Körper überdauert und auch als „göttlicher Funke" und wahres Wesen bezeichnet werden kann. Der nicht-stoffliche Speicher verdrängter Erfahrungen, den die heutige Psychologie als Seele bezeichnet, wird in diesem Buch Psyche genannt.

Spiritualität

Vor kurzem unterhielt ich mich mit meiner Friseurin über ein Buch von Eckhart Tolle, das sie gerade gelesen hatte, und sie fragte mich: „Glauben Sie, dass Eckhart Tolle spirituell ist?" Ich wollte schon sagen: „Natürlich", doch etwas hielt mich zurück und ich fragte: „Was verstehen Sie unter spirituell?" „Na, dass er mit Geistern und Verstorbenen zu tun hat." Ich war verblüfft, denn eine solche Sicht des Begriffes war mir noch nie begegnet. Sie zeigte mir, dass auch der Begriff „spirituell" missverstanden wird. Selbst Menschen, die auf dem spirituellen Weg sind, verstehen Unterschiedliches darunter.

Für mich bedeutet Spiritualität, sich selbst, sein wahres Wesen zu erkennen. Manche wollen es auch leben, wenn sie es gefunden haben, und sich von den Verhaltensweisen und Vorstellungen, die ihnen nicht entsprechen und die sie sich im Laufe der Kindheit und des Lebens angeeignet haben, wieder befreien.

Sein wahres Wesen finden ist wie eine Zwiebel schälen. Schicht um Schicht schält man ab und kommt immer mehr zum Kern. Dabei fließen viele Tränen. Dass man im Kern des wahren Wesens wie bei der Zwiebel das Nichts, die Leere findet, in der nichts sichtbar ist, ist eine ganz beeindruckende Erfahrung, die Erwachen, Erleuchtung oder *Unio mystica* genannt wird. Wenn man sie gefunden hat, gibt es keine Zwiebel mehr. In der Leere gibt es auch keine Worte, nur Stille und Frieden (eigentlich nicht mal das, aber es sind die Worte, die es am besten beschreiben).

Geist

Die Begriffe Geist und Seele bezeichnen oft das Gleiche. Bei einigen Autoren wird Geist auch für Verstand und Intellekt gebraucht, andere meinen damit das übergeordnete Wissen, das höhere Bewusstsein, den „Heiligen Geist" oder den göttlichen Geist, mit dem der Mensch verbunden ist. Dazwischen gibt es jede Menge Mischformen. Daher vermeide ich den Begriff.

Verstand

Der Verstand umfasst alle mentalen Fähigkeiten, wie Denken, Abstrahieren, Analysieren, Intelligenz, Einsichtsfähigkeit, Erkennen, Verstehen und Lernen sowie das Speichern und Abrufen von Erinnerungen.

Wachbewusstsein

Das Wachbewusstsein ist der Zustand, in dem wir bewusst wahrnehmen: unsere Umgebung, die Situation, die Menschen, die eigenen Gedanken, Gefühle, Wünsche, aber auch die Bilder der Seele in einer Meditation.

Das Unbewusste

Wir wissen mehr, als uns bewusst ist, als unser Wachbewusstsein wahrnimmt. Dieses verborgene Wissen befindet sich im Unbewussten. Es beinhaltet alles, zu dem wir keinen direkten bewussten Zugang haben. Das Unbewusste besitzt zwei Anteile, das Überbewusstsein und das Unterbewusstsein. Das Überbewusstsein umfasst das höhere Wissen, also Erfahrungen, Erkenntnisse und das Wissen aus vergangenen Leben, Weisheit und das universelle Wissen, zu dem wir Zugang haben. Das Unterbewusstsein beinhaltet alle vergessenen und verdrängten Erfahrungen und Gefühle des aktuellen Lebens.

Erwachen

Das Erkennen, dass es nur ein Sein gibt. Das Erfahren der Leerheit, des Allumfassenden.

„Wie oben, so unten"

Dieser Satz wird Hermes Trismegistos zugeschrieben, einem spirituellen ägyptischen Weisen, der vor dem 3. Jh. v. Chr. zahlreiche Bücher zu Wissenschaft, Magie und Religion verfasst haben soll. Lange

Jahre habe ich nicht verstanden, was diese Worte bedeuten, weil ich dahinter ein schwer verständliches geheimes Wissen vermutete, bis es mir wie Schuppen von den Augen fiel: Die Strukturen, Zusammenhänge und Funktionen der höheren Sphären und der geistigen, feinstofflichen Ebene entsprechen denen des irdischen Lebens. Für die Phänomene der geistigen, feinstofflichen Welt findet man ähnliche Phänomene im irdischen Leben. Mit Analogien aus der irdischen Wirklichkeit kann man die geistige Wirklichkeit verstehen. Hier ein Beispiel: In der irdischen Welt gibt es unterschiedlich entwickelte Menschen mit verschiedenen Fähigkeiten und Berufen, wie Kinder, Jugendliche, Erwachsene, Polizisten, Reinigungskräfte, Professoren, Spezialisten für Technik und Medizin. Die gleiche Differenzierung findet sich in der geistigen Welt. Es gibt unerfahrene und weise, wissende Wesen mit Kenntnissen in unterschiedlichen Bereichen wie Heilung, Spiritualität, Magie, Energie, Weitsicht und Vorausschau.

Karma

Karma ist ein Begriff aus dem Sanskrit und bedeutet Tat, Handeln. Karma im Buddhismus bezeichnet Ursache und Wirkung als Grundlage der Ereignisse. Für das Individuum bedeutet Karma, dass die Bedingungen und die Situationen des jetzigen Lebens Folgen von vorhergehenden Leben und Handlungen sind und dass sich die Taten des jetzigen Lebens in diesem oder folgenden Leben auswirken. Positives Karma ist das Ergebnis tugendhafter Handlungen, negatives Karma das Ergebnis untugendhafter Handlungen. Im Laufe des Lebens sammelt sich Karma an, positives ebenso wie negatives. Jede positive oder negative Erfahrung ist durch eine frühere positive oder negative körperliche, sprachliche oder gedankliche Tat bedingt (Lama Karta, S. 33 ff.).

Rüdiger Dahlke verwendet dafür ein anschauliches Bild. Für ihn ist Karma wie Früchte, die man anbaut und erntet. Aus guten Taten entstehen wohlschmeckende, nährende Früchte, aus schlechten Taten wachsen Früchte, die unangenehm sind und schlecht schmecken. So

scheidet man aus jedem Leben mit einem Korb unterschiedlicher
Früchte. Diese nimmt man mit in spätere Inkarnationen, in denen
die Früchte dann gegessen werden. Erst wenn alle Früchte gegessen
sind, ist ein Mensch frei von Karma.

Akasha-Chronik

Laut Wikipedia (Enzyklopädie im Internet) ist die Akasha-Chronik
das „Buch des Lebens" im übersinnlichen Bereich. Es ist ein im-
materielles, allumfassendes Weltgedächtnis. Dieses Konzept gibt es
nicht nur im esoterischen Bereich der heutigen Zeit. Ein universa-
les Welt- oder Astralgedächtnis findet sich auch in der christlichen
Überlieferung und in asiatischen Religionen. Die indischen Palm-
blattbibliotheken, in denen die Lebensgeschichten vieler Menschen
zu finden sind, sollen ihre Informationen aus der Akasha-Chronik
haben. Menschen, die in der Akasha-Chronik lesen konnten, waren
zum Beispiel Helena Blavatsky, die Mitgründerin der Theosophischen
Gesellschaft, und Rudolf Steiner, der Begründer der Anthroposophie.
In seinem Buch *Aus der Akasha-Chronik* schreibt Rudolf Steiner über
die frühe Entwicklungsgeschichte der Menschheit, über Atlantis und
die Wurzelrassen, die die Erde zu Anfang der Zeit bewohnt haben.
Laut Thomas Göbel beinhaltet die Akasha-Chronik nur die Geschichte der Menschenseelen. Die Geschichte der anderen Seelenvölker findet sich in anderen kosmischen Bibliotheken.

Hinweise zu den Meditationen

Die Meditationen in diesem Buch führen in den Raum der Seele. Dadurch können die Botschaften der Seele leichter wahrgenommen werden. Doch meist kommt die Botschaft nicht in Form von Worten. Es ist möglich, dass Farben oder Bilder erscheinen, die wir jedoch erst interpretieren müssen, um sie zu verstehen. Manche Menschen bekommen Botschaften über ihre Gefühle. Andere haben einen kognitiven Zugang, das heißt, sie haben ein inneres Wissen. Diese Menschen haben es besonders schwer, denn das innere Wissen ähnelt den Gedanken. Wenn sie eine Botschaft erhalten, meldet sich sofort der Verstand und kommentiert: „Das hast du dir nur eingebildet." So kann es sein, dass in einer Meditation der Seelenbegleiter sagt: „Es gibt jetzt nichts zu tun, warte ab", und der Verstand kommentiert: „Das kann nicht sein. Ich muss jetzt dringend etwas unternehmen." Menschen mit einem kognitiven Zugang, das heißt, Menschen, die ihre Antworten aus der inneren Weisheit erhalten, müssen lernen, die Aussagen der Gedanken von denen der Weisheit zu unterscheiden. Ein Tipp: Der Kommentar oder Zweifel des Verstandes kommt an zweiter Stelle. Zuerst wird die Botschaft wahrgenommen, dann kommentiert der Verstand.

Manchmal passiert in den Meditationen nichts, scheinbar nichts. Doch allein dadurch, dass wir die Aufmerksamkeit auf den Raum der Seele richten, fließt Energie in diese Richtung. Dadurch wird die Verbindung zur Seele gestärkt. Es fällt dann nicht nur uns immer leichter, mit der Seele Kontakt aufzunehmen, auch die Seele kann unser Wachbewusstsein und den Verstand leichter erreichen.

Selbst wenn wir in der Meditation keine Antwort erhalten, kann die Antwort später auf anderem Wege auftauchen: Eine Freundin erzählt uns von einer Erkenntnis, die sie hatte, und wir werden innerlich davon berührt. Wir schlagen ein Buch auf und finden einen Satz, der zu unserer Frage passt. Menschen, die häufig geführte Meditationen hören, trainieren ihre inneren Sinne und haben dadurch leichter Zugang zu Bildern und Botschaften. Doch auch als Meditationsneuling können Sie Antworten erhalten. Falls dies nicht direkt geschieht, lassen Sie sich nicht entmutigen. Je häufiger Sie dem Weg zum Seelenraum folgen, desto leichter fällt Ihnen der Kontakt mit der Seele. Speziell für die Meditationen dieses Buches wurde die CD *Seelenraum – Zugang zur Seele und zu geistigen Helfern* aufgenommen. Sie enthält den Weg in den Seelenraum, den Kontakt mit dem Seelenlicht, die Begegnung mit dem inneren Heiler und dem Seelenbegleiter und die Möglichkeit, eine Situation des Lebens im Seelenraum anzuschauen und zu verstehen.

Hilfreich ist, bei jeder Meditation zur Seele dem gleichen Ablauf zu folgen. Für mich hat sich folgender Ablauf bewährt:

1. Ich schließe die Augen und beobachte meinen Atem.

2. Dann erscheint vor mir eine Treppe, der ich Stufe für Stufe folge, jede Stufe bringt mich näher zum Seelenraum.

3. Am Ende der Treppe betrete ich den Seelenraum und schaue mich um: Wie sieht er heute aus? Welche Farben und Formen gibt es? Wie ist das Licht? Gibt es einen Duft oder eine Musik? Wie fühle ich mich hier?

4. Dann begegne ich der Seele, dem Seelenbegleiter oder einem anderen geistigen Wesen.

5. Am Ende der Meditation verlasse ich den Seelenraum wieder über die Treppe und richte meine Aufmerksamkeit ganz bewusst auf meinen Atem. Ich lasse den Atem kräftiger werden, atme bis in die Füße hinein und beginne mich zu strecken. Die Worte „Wach sein" beenden die Meditation.

Wenn ich jede Meditation mit den Worten „Wach sein" beende, erhalten sie eine besondere Kraft und bringen meine Aufmerksamkeit schnell wieder in die irdische Realität. Nach einer Weile kann ich die Worte auch in anderen Situationen verwenden, in denen ich mich schläfrig fühle, aber wach sein will, zum Beispiel morgens oder beim Autofahren.

Aus der Erfahrung der Seminare weiß ich, dass die Bilder der Seele passen, selbst wenn wir sie nicht verstehen. Eine Dame hatte um Schutz gebeten und sich darunter die Farben Grün und Blau vorgestellt. In der Meditation erhielt sie jedoch die Farbe Silber und dachte, dies sei falsch. Sie wusste nicht, dass Silber die stärkste Schutzfarbe ist, dichter als Grün und Blau. Solche Erfahrungen zeigen mir immer wieder, dass die Seele Zugang zu einem Wissen hat, das über das Wissen des Verstandes hinausgeht.

Die Bilder, die wir von der Seele in den Meditationen bekommen, enthalten Botschaften. Das Aussehen des Seelenraumes, das Aussehen des Seelenbegleiters, die Farben oder die Gegenstände erzeugen in uns einen Eindruck, eine Stimmung, ein Gefühl, mit dem wir die Botschaft der Seele leichter verstehen. Doch es ist wichtig, genau hinzuschauen, denn leicht interpretieren wir die Bilder mit unseren alten Denkmustern. Eine Dame sah in der Meditation zum Seelenlicht in großer Entfernung ein strahlend helles Licht. Sie wusste, dass dies ihr Seelenlicht war, fürchtete aber, dass sie sich weit vom Seelenlicht entfernt hatte, und war deshalb traurig. Als ich nachfragte, fand sie heraus, dass ihr Seelenlicht eine solche Kraft hatte, dass sie es noch nicht aushalten konnte, in seinem Mittelpunkt zu stehen. Deshalb sah sie sich weit davon entfernt. Dann wurde ihr auch bewusst, dass sie in dieser Entfernung die Kraft des Lichtes deutlich gespürt hatte und sie sich durch das Licht berührt und gewärmt fühlte. Das hatte sie vorher verdrängt. Ihre Interpretation, sie sei abgeschnitten, verhinderte, die korrekte Bedeutung der Seelenbotschaft zu verstehen.

Aus eigener Erfahrung kann ich empfehlen: Lassen Sie sich überraschen, wie ihr Seelenraum aussieht, und akzeptieren Sie die Bilder Ihrer Seele. Und noch ein Hinweis: Auch die Seele will, dass Sie die Botschaften verstehen. Deshalb wird sie die Hinweise, die wichtig sind, mehrmals und auf unterschiedliche Weise geben. Allein dadurch, dass Sie bereit sind, die Botschaften der Seele wahrzunehmen, öffnet sich der Zugang. Falls Ihnen die Botschaften nicht deutlich und verständlich genug sind, dürfen Sie Ihre Seele durchaus bitten: „Bitte lauter und deutlicher, so dass ich es verstehe."

4.

Bauplan der Seele

Im abgedunkelten Zimmer war es still. Nur manchmal hörten wir das Zwitschern der Vögel. Als ich die Augen schloss, um in den Raum der Seele zu steigen, bekam ich nichts mehr von meiner Umgebung mit. In meinem Seelenraum war zunächst nicht viel zu sehen: ein leerer Raum mit gemauerten Wänden und Sandboden. Doch als Thomas formulierte: „Und nun begegnest du der Seele des Ursprungs, der Seele, die zu Beginn geschaffen wurde", erfüllte plötzlich helles Licht den ganzen Raum. Von Wänden, Boden oder Begrenzungen war nichts mehr zu sehen. Es gab nur noch dieses Licht, das ich betrachtete. Vorsichtig spürte ich hinein, denn die Kraft, die von ihm ausging, überwältigte mich. Solch eine Kraft hatte ich noch nie gespürt. Klar, rein, ohne Zweifel oder Einschränkungen, umfassend, still. Ich wusste, wenn ich mich in dieses Licht hineinbegebe, wird es alle Begrenzungen hinwegfegen. Doch dafür war es noch zu früh. Mein jetziges Körper-Energiesystem war noch nicht so weit, dies zu integrieren. Durch die Begegnung mit meiner Urseele öffnete sich jedoch eine bewusste Verbindung, die vorher nicht bestanden hatte. Ich wusste, mit dieser Begegnung würde sich das Wissen der Seele, das für dieses Leben wichtig ist, immer weiter integrieren, auch wenn ich dies nicht bewusst fördern würde. Eine Tür hatte sich geöffnet, durch die das Licht der Seele immer stärker in mein Leben treten würde. Und ich wusste auch: Jetzt würde ich mich nicht mehr davor drücken können, diese Kraft zu leben. Wie lange hatte ich das Spiel gespielt: Ich kann nicht, ich weiß nicht, ich bin nicht sicher genug, andere sind besser, andere sind fähig und ich nicht. Auch wenn mir diese Gewohnheit noch eine Weile nachhängen würde, auch wenn mein Verstand noch eine Weile mit diesen Gedanken

bremsen wollte, jetzt hatte ich einen Kontakt zu dieser Kraft und Klarheit
hergestellt. Ich war mit der Kraft und Klarheit meiner Seele verbunden,
und unweigerlich würde sie immer mehr in mein Leben strahlen, ob
ich wollte oder nicht.

Die Seele ist der Anteil des Menschen, der den Körper belebt oder, besser gesagt, beseelt. Sie ist immateriell, dem Körper übergeordnet, und mit steuernden Impulsen nimmt sie Einfluss auf das Leben. Ziel der Seele ist, Erfahrungen zu machen. Dadurch entwickelt sie sich.

In vielen Schöpfungsmythen findet sich das Bild, das der Schöpfer zuerst die Form erschafft und dieser Form anschließend seinen Lebensodem einhaucht. Ohne den göttlichen Anteil ist die geschaffene Form unbelebt. Die Form ist der physische Körper, der ohne den Lebensatem des Schöpfers nur tote Materie ist.

Erst der Lebensodem, der Funke des Schöpfers, macht den Körper lebendig. Ohne die Kraft des Göttlichen bleibt die Form ohne Leben. Der Lebensatem ist das Symbol für die Seele und den Geist des Menschen.

Augustinus (354–430), einer der bedeutendsten Kirchenlehrer und wichtiger Philosoph an der Zeitenwende zwischen Antike und Mittelalter, vertrat die Ansicht, dass sich der Satz aus der Genesis: „und er schuf sie nach seinem Abbild" (1. Mose 1,27) nicht auf den Körper und das Aussehen des Menschen bezieht, sondern auf seine Seele und seinen Geist. Seele und Geist sind das Abbild Gottes, des Göttlichen. Seele und Geist des Menschen werden von der Schöpferkraft, von Gott geschaffen.

Der Ursprung der Seele ist das eine Sein, das Alles, das Ewige, das Chaos, der Raum der Leerheit, wie er im Buddhismus genannt wird, der Raum, in dem alles vorhanden ist, ohne eine Form zu haben. So ist die Seele der individualisierte Gottesfunke, der das Einssein mit Gott verlässt und auf die Reise in die Schöpfung geht, um am Ende der Reise wieder ins Einssein, zu Gott, zurückzukehren und sich wieder in ihm aufzulösen. Nach ihrer Entstehung ist die Seele dem Ewigen, der Leerheit, dem Allumfassenden noch sehr ähnlich. Doch sie hat bereits eine individuelle Färbung, eine Richtung für ihre Entwicklung und ihre Aufgabe. Wenn man dem einen Sein die Farbe Weiß zuordnet, dann hat die neu geschaffene Seele einen Pastellton, also Weiß mit einem Hauch einer oder mehrerer Farben.

Die Seele besteht aus drei Teilen, die man auch Seelenaspekte nennen kann: der Urseele, dem Höheren Selbst und dem Seelenanteil im Körper, den ich Seelenlicht nenne. Auch wenn ich dieses Bild in der Meditation erhielt, ist es dennoch ein Modell, das hilft, die Aspekte der Seele zu verstehen. Letztlich ist die Seele eine Einheit. Man kann sie vergleichen mit weißem Licht, das sich in die Farben des Regenbogens aufspaltet, wenn es durch ein Prisma fällt. Mit Hilfe der einzelnen Farben versteht man die unterschiedlichen Qualitäten des weißen Lichtes besser. Die drei Aspekte der Seele veranschaulichen die einzelnen Bereiche der Seele und ihr Zusammenwirken.

Die Urseele

passiv – bereitstellend

Die Urseele oder Ursprungsseele ist der Teil der Seele, der alle Seelenanteile, alle Erfahrungen und die Verbindung zu anderen Bereichen der Schöpfung enthält. Sie ist verbunden mit der universellen, ewigen Wahrheit, der Weisheit, dem Göttlichen und dem Schöpfungsplan. Eingebettet im Licht der Einheit, des Seins ist sie dem Schöpfer nahe. Sie ist weit, still, passiv, ist Licht und Leuchten. Von ihr gehen keine Impulse, Handlungen oder Wirkungen aus.

Die Urseele ist wie eine Bibliothek, die Platz hat für die Bücher aller Inkarnationen, die die Seele durchläuft. Direkt nach der Erschaffung ist die Bibliothek leer. Sie besitzt noch keine Erfahrungen oder Bücher. Daher ist die Seele am Anfang dem Ursprung noch sehr ähnlich. Im Laufe der Inkarnationen füllen sich die leeren Regale der Bibliothek mit den Büchern der Inkarnationen. Die Bücher enthalten die Informationen aller bisher gelebten Inkarnationen mit allen Erfahrungen, dem erworbenen Wissen, den erlangten Fähigkeiten und der Beziehung zu den verschiedenen Kräften. Diese Bibliothek ist außerdem verbunden mit der Zentralbibliothek, in der alles Wissen vorhanden ist.

Die Bücher in der Seelenbibliothek sind verschiedenen Bereichen zugeordnet. Es gibt den Bereich der Lebensbücher und die Bereiche des Wissens, der Fähigkeiten und der Verbindung mit anderen Wesen und Kräften. Im Bereich der Lebensbücher gibt es zu jeder vergangenen Inkarnation ein Buch. In ihm finden sich alle Inhalte des Lebens: Erlebnisse, Erfahrungen, erworbenes Wissen, erlangte Fähigkeiten, welchen Menschen und Seelenverwandten man begegnet ist und was man mit ihnen erlebt hat. Das Lebensbuch enthält Blockaden, Traumen und Verletzungen ebenso wie freudige Ereignisse. Darüber hinaus besitzt es die Informationen aus der Zeit vor und nach der Inkarnation, wie die Planung des bevorstehenden Lebens, die Aufarbeitung der Erfahrungen nach dem Tod, die Erkenntnisse, den Austausch mit geistigen Lehrern und der Seelenfamilie sowie Informationen aus der Erholungsphase. Auch das Karma ist ersichtlich. Es ergibt sich aus den Handlungen, noch nicht erfüllten Aufgaben, Versprechen und der Verbindung mit anderen Menschen, denen man im Leben begegnet ist.

Neben dem Bereich der Lebensbücher gibt es in der Urseelenbibliothek den Bereich, in dem die Informationen nach Themen geordnet sind. So wie ich beispielsweise im Bereich der Lebensbücher ein Buch zu einer Inkarnation im 18. Jahrhundert finde, so gibt es im Themenbereich ein Buch zum Thema Heilen. In ihm finde ich alles, was ich je zum Thema Heilen erlebt und an Fähigkeiten und Wissen erworben habe.

In der heutigen Zeit kann man auch ein anderes, vermutlich passenderes Bild für die Informationen der Seelenbibliothek verwenden, das Bild des elektronischen Kataloges. In den Katalog kann ich einen Begriff eingeben, zum Beispiel *Leben im 18. Jahrhundert* oder *Heilen* oder *Heilen von Knochenverletzungen.* Anschließend erscheint dann auf dem Bildschirm die vorhandene Information, soweit sie für dieses Leben freigegeben ist.

Mit jeder Inkarnation füllt sich die Bibliothek der Seele. Nach einigen Inkarnationen steht eine beachtliche Zahl an Büchern zur Verfügung. Obwohl in der Urseele alle Bücher und Informationen seit Anbeginn der Zeit enthalten sind, können wir nicht alles anschauen. Vieles ist blockiert, dem Zugriff versperrt. Zu welchen Informationen wir Zugang haben, ist abhängig von der Lebensaufgabe und dem Lebensplan, von den Fähigkeiten und den Möglichkeiten, die ich für dieses Leben geschaffen habe, vom Entwicklungsstand und der Reife. Eine Meditation zu den Inhalten der Lebensbücher findet sich auf Seite 147.

Die Bücher der Seelenbibliothek enthalten alle Informationen in neutraler Weise, ohne Wertung, ohne Emotionen. Sie sind wie historisch sachliche Berichte der Erlebnisse und Erfahrungen. Es gibt keine Einteilung in gute und schlechte Erfahrungen, in gelungene und misslungene Leben. Alles ist Erfahrung, alles dient und vergrößert das Wissen.

Wir haben nicht nur Zugang zu unserer eigenen Urseelenbibliothek. Manchen ist auch der Zugang zu Bereichen des universellen Wissens möglich. Dies kommt vor allem in Inkarnationen vor, in denen eine Aufgabe übernommen wurde, für die dieses Wissen benötigt wird. Es besteht auch die Möglichkeit, in die Lebensbücher von Mitgliedern der Seelenfamilie zu schauen und deren Erfahrungen und Wissen zu nutzen. Genauso können Mitglieder der Seelenfamilie unsere Erfahrungen und Fähigkeiten für ihre Inkarnationen übernehmen. Der Zugang zu den Erfahrungen der Seelenfamilie ist jedoch nicht generell offen, dafür braucht es die Zustimmung des Seelenverwandten.

Die Begegnung mit der Urseele ist ein besonderes und beeindruckendes Erlebnis. Eine Seminarteilnehmerin konnte in einer geführten Meditation die Geburt ihrer Seele beobachten und war zutiefst berührt. Eine andere schrieb: „Mir war nicht klar, dass mein Seelenlicht weitaus mehr ist als das, was ich in meinem Körper und dem jetzigen Leben bearbeiten muss."

Das Höhere Selbst

ausgleichend

Ich habe gezögert, den Begriff Höheres Selbst für diesen Seelenaspekt zu verwenden, denn dieser Begriff wird in der Literatur in unterschiedlicher Weise benutzt. Manche verstehen darunter die innere Weisheit, für andere ist er gleichbedeutend mit dem göttlichen Funken, dem allwissenden, höchsten Prinzip des Menschen. Dennoch tauchte dieser Begriff in den Meditationen immer wieder auf, und so finden Sie ihn hier, auch wenn dies vielleicht zur Kollision mit anderen Autoren oder Denkmodellen führt.

Das Höhere Selbst ist die Verbindung zwischen Urseele und Seelenlicht im Körper. Im heutigen Sprachgebrauch könnte es auch als *Interface* oder Schnittstelle bezeichnet werden. Im Bild der Urseelenbibliothek ist das Höhere Selbst der Bibliothekar, der alle Bücher der Bibliothek kennt, der bei der Auswahl beratend tätig ist und der den Zugang zu den Lebensbüchern und den Büchern des Wissens erlaubt oder versperrt. Über das Höhere Selbst kann das Seelenlicht auch in Verbindung zu anderen höheren Wesenheiten treten, mit denen der Mensch Kontakt aufnehmen darf, wie zu geistigen Lehrern und hochentwickelten Wesenheiten.

Das Höhere Selbst kennt den aktuellen Lebensplan, den man vor der Inkarnation erarbeitet hat. Es hat einen Überblick über die bisherige Entwicklung, über das, was gelernt werden soll, über die Lebenssituation. Falls der Mensch in der Inkarnation von seinem selbstgewählten Lebensplan abweicht, ist es jedoch nicht der Bibliothekar, das Höhere Selbst, das Impulse sendet, um den Einklang wiederherzustellen. Das Höhere Selbst ist nicht aktiv. Es greift nicht ins

Leben ein. Beim Abweichen vom Lebensplan sind es das Seelenlicht, der Schutzengel oder der Seelenbegleiter, die ins Leben eingreifen.

Das Höhere Selbst oder der Bibliothekar ist Vermittler und Sammelstelle für Erfahrungen. Die Erfahrungen des Lebens liefert das Seelenlicht. Der Bibliothekar nimmt sie entgegen und „stellt sie in die Urseelenbibliothek". Er hat keine eigene Meinung dazu und er wertet nicht. Der Bibliothekar, das Höhere Selbst, ist neutral. Es ist das Archiv, in dem alle Informationen wertneutral zusammenfließen. Daher finden die Informationen sich hier in neutraler Form, selbst wenn sie für den Menschen noch emotional geladen sind.

Das Höhere Selbst ist der neutrale Beobachter. Schaut man aus der Sicht des Höheren Selbst auf sein Leben oder auf bestimmte Situationen, so schaut man mit Abstand, wertfrei. Das Höhere Selbst besitzt Realitätssinn und Urteilskraft.

Aus einer distanzierten, neutralen Position ohne emotionale Verstrickung oder starre Vorstellungen erkennt man Zusammenhänge, Ursachen und Folgen und die Notwendigkeit bestimmter Erfahrungen. Die Sicht des Höheren Selbst ist die Sicht der Weisheit. Aus der Sicht des Höheren Selbst auf eine Situation im Leben zu schauen ist wie von einer Anhöhe aus auf einen Stau zu blicken. Derjenige, der im Stau steckt, sieht die Ursache für den Stau nicht, weiß nicht, wie lange es noch dauert, bis der Stau sich auflöst, ob die Autobahn vollkommen gesperrt ist oder ob der Verkehr weiterfließt, und er verstrickt sich dadurch zunehmend in den eigenen Gefühlen und Vorstellungen. Betrachtet man den Stau jedoch von einer Anhöhe oder aus dem Hubschrauber, so hat man einen Überblick und kann die Lage besser verstehen und erkennen.

Der Zugang zum Höheren Selbst, die Verbindung zum Bibliothekar ist von der eigenen Entwicklung abhängig. Als ich zu Beginn meines spirituellen Weges das erste Mal auf die Ebene des Höheren Selbst gelangte, lag es weit außerhalb meines Körper-Energiesystems. Jedes Mal, wenn ich in der Meditation Kontakt dazu aufnahm, musste ich mein Körper-Energiesystem verlassen und auf eine andere, höhere Ebene gehen. Im Laufe der Entwicklung wurde der Abstand zwischen meinem Körper-Energiesystem und dem Höheren Selbst immer geringer, und irgendwann war das Höhere Selbst im Körper-Energiesystem integriert. Ich brauchte mein System nicht mehr zu verlassen, um in Kontakt damit zu kommen. Ich richtete meine Aufmerksamkeit auf eine Stelle innerhalb des Körper-Energiesystems. Ursache dafür ist nicht, dass sich das Höhere Selbst im Laufe der Entwicklung annähert, sondern dass sich das Energiefeld durch die spirituelle Entwicklung ausdehnt und schließlich das Höhere Selbst einschließt. Nimmt man dann Kontakt auf, braucht man das eigene Körper-Energiesystem nicht mehr zu verlassen, sondern bleibt innerhalb der eigenen Strukturen. Dennoch haben Seelenlicht und Höheres Selbst unterschiedliche „Plätze" im Körper-Energiesystem.

Ist das Höhere Selbst integriert, ist es auffallend leicht, im Beobachter zu bleiben und die Höhen und Tiefen des Lebens gelassen zu betrachten. Die innere Weisheit nimmt zu und es fällt leichter, die innere Stimme der Weisheit, die Intuition wahrzunehmen.

Das Seelenlicht im Körper kann mit dem Höheren Selbst Kontakt aufnehmen und hat dadurch Zugang zur Urseele, zu anderen Wesenheiten und zur universellen Bibliothek.

Das Seelenlicht im Körper

aktiv – gebend, nehmend

Das Seelenlicht ist der aktive Seelenanteil. Es befindet sich im Körper. Der Körper kann als der Tempel des Seelenlichtes bezeichnet werden. Manche bezeichnen das Seelenlicht als innere Weisheit oder inneres Selbst.

Das Seelenlicht kennt den Lebensplan und hat Zugang zum Höheren Selbst und zu den geistigen Wesenheiten, die in dieser Inkarnation unterstützend zur Seite stehen, wie Schutzengel und geistige Lehrer. Das Seelenlicht besitzt alles Wissen, alle Fähigkeiten und alle Gaben, die wir in dieses Leben mitgebracht haben. Bevor wir inkarnieren, entscheiden wir zusammen mit dem Seelenbegleiter, zu welchen Fähigkeiten und Erinnerungen wir den Zugang öffnen. Man könnte auch sagen, wir packen alle notwendigen Fähigkeiten und Erinnerungen für die Inkarnation in einen Rucksack. Doch selbst wenn wir Erinnerungen im Rucksack haben, heißt das nicht, dass wir sie auch auspacken, anschauen und nutzen. Wir können auch nur die Informationen anschauen, die oben im Rucksack liegen. Die Päckchen oben im Rucksack müssen zuerst ausgepackt werden, bevor wir Zugang zu den darunterliegenden bekommen. Die Informationen unten im Rucksack finden wir erst, wenn die darüberliegenden herausgenommen wurden. Die eigene Entwicklung öffnet den Zugang zu dem, was für uns möglich ist.

Doch nicht alle Päckchen, die sich im Rucksack befinden, werden genutzt, so wie man vielleicht auch nicht alle Brote im Wanderrucksack isst, die man sich vorher eingepackt hat. Es kann sein, dass ich während meines Lebens auf die Fähigkeit des Heilens stoße, sie aber wieder beiseitelege und mich mit anderen Fähigkeiten beschäftige. Die Inhalte des Rucksackes sind die potentiellen Möglichkeiten, die im Leben erst verwirklicht werden müssen, damit sie wirksam werden.

Die Fähigkeiten und das Wissen, das sich im Rucksack befindet, sind neutral. Wir besitzen Intelligenz, Einfühlungsvermögen und den Zugang zur inneren Weisheit. Was wir mit diesen Fähigkeiten machen, ob wir sie zum Wohle der Erde einsetzen oder ob wir sie zerstörerisch nutzen, das ist unsere freie Wahl. Wie bereits gesagt, wir machen auf jeden Fall Erfahrungen mit und zu den eingepackten Fähigkeiten.

Meiner Erfahrung nach haben wir mehr Päckchen im Rucksack, als wir sehen können. Mancher verhungert bei vollem Rucksack.

Vor Jahren hörte ich dazu eine Geschichte: Ein Mann, der ein selbstloses Leben geführt hatte, stirbt und kommt in den Himmel. Petrus führt ihn zu einem Haus, das genau seinem Traumhaus entspricht, und teilt ihm mit, dass dies der Lohn für seine Arbeit sei. Er darf seine Zeit im Paradies in diesem Traumhaus verbringen. Als der Mann das Haus erkundet, stößt er auf einen Raum, der bis zur Decke mit nicht geöffneten Paketen gefüllt ist. „Was ist das?", fragt er Petrus. „Das sind die Geschenke, die du in deinem Leben nicht angenommen hast."

Das Seelenlicht im Körper ist nicht nur der Rucksack mit dem Wissen und den Fähigkeiten, es ist auch der Teil, der aktiv den Einklang zum Lebensplan herstellt. Dazu sendet es Impulse ins Wachbewusstsein und zum Ego. Meistens wirkt das Seelenlicht über Wünsche. Der Wunsch ist die Kraft, die uns in Einklang mit dem Seelenplan bringt. Bei mir war es zum Beispiel der Wunsch, mehr über Engel zu wissen und noch weiter in Kontakt mit ihnen zu kommen, der mich veranlasste, das Buch *Engel begleiten uns* zu schreiben. Als ich erlebte, wie hilfreich die Kraft der Engel für den Alltag ist und wie leicht der Alltag durch die Wunder der Engel wird, hatte ich den Wunsch, dies auch anderen mitzuteilen. Auch wenn es Widerstände gab, war doch der Wunsch die treibende Kraft, die bewirkte, dass ich nicht aufgab. Ein Wunsch lässt uns aktiv werden und gibt uns die Kraft, die Vision zu verwirklichen.

Wenn wir den Impulsen der Seele nicht folgen, ist es von unserem Seelenplan abhängig, wie stark die Seele in unser irdisches Leben eingreift. Wenn vorgesehen ist, dass wir die Erfahrung machen, am Lebensplan „vorbeizuleben", dann wird das Licht der Seele hinter den Schleiern der irdischen Realität für uns mehr und mehr verschwinden. Es sendet keine Impulse mehr, es wird keine Wünsche oder Träume mehr in unser Bewusstsein schicken. Wir können es nicht mehr wahrnehmen, es dringt nicht mehr in unser Bewusstsein. Das Seelenlicht behält zwar seine ursprüngliche Leuchtkraft, doch wir nehmen es nicht mehr wahr. So wie das Licht einer Kerze schwächer zu werden scheint, wenn wir sie unter den Tisch stellen, so scheint auch das Seelenlicht schwächer. Das Licht der Kerze unter dem Tisch hat die gleiche Leuchtkraft wie auf dem Tisch, doch es ist weniger sichtbar und erhellt den Raum kaum noch.

Besteht jedoch eine enge Bindung an den Lebensplan, wählt das Seelenlicht immer stärkere Impulse, um den Menschen in seinem Wachbewusstsein zu erreichen. Es kommt zu immer deutlicheren Träumen. Wünsche und Sehnsucht werden stärker. Wir empfinden das Leben als freudlos, werden unzufrieden und fühlen uns unerfüllt. Es fehlt etwas und dies führt uns auf die Suche. Je stärker die Unzufriedenheit ist, desto größer wird die Kraft, sich wieder dem Lebensplan zuzuwenden.

Das Seelenlicht arbeitet nicht nur über eigene Impulse. Es hat auch eine Verbindung zum Schutzengel und kann mit Hilfe des Schutzengels Begegnungen und Situationen im Leben schaffen. So hatte ich vor zwei Jahren einen Unfall, bei dem ich erheblich verletzt wurde. Mein Pferd hatte mich abgeworfen, und obwohl ich auf weichem Boden gelandet war, hatte ich einen Oberschenkelhalsbruch und mehrere Beckenbrüche. Es war das erste Mal in meinem Leben, dass ich ernsthaft krank war, operiert wurde und im Krankenhaus lag. Im Nachhinein konnte ich erkennen, dass der Unfall der schnellste Weg war, mich zum Thema körperliche Heilung zu führen. Vorher hatte ich mich geweigert, mich damit zu beschäftigen. „Meine Aufgabe ist spirituelle und emotionale Heilung. Mit körperlicher Heilung will ich nichts zu tun haben", hatte ich oft gesagt. Doch mich mit dem Körper und körperlicher Heilung zu beschäftigen war mein nächster Schritt. Ich hatte ihn nicht gehen wollen, und so lag ich einige Zeit bewegungsunfähig im Krankenhaus. Ich konnte die Botschaft recht schnell erkennen und öffnete mich für die Erkenntnisse. Nach eineinhalb Jahren war der Unfall vollkommen ausgeheilt, die Knochen waren wieder exakt zusammengewachsen, ich konnte mich normal bewegen und hatte viel gelernt.

Außerdem erhielt ich durch den Unfall viele andere Geschenke: Ich erlebte, wie stabil mein innerer Friede geworden war, denn obwohl ich mich vor Schmerzen nicht bewegen konnte, ging es

43

mir emotional gut. Durch den Unfall war ich gezwungen, meine Aufmerksamkeit auf den Körper zu richten. Es schien, als würde die ganze feinstoffliche Arbeit, die Erfahrungen, die ich im mentalen und emotionalen Bereich gemacht hatte, „auf der Erde ankommen". Ich bekam eine andere Beziehung zum Körper und achte seitdem verstärkt und bewusst darauf, den Körper gesund zu halten, soweit es in meiner Macht steht. Auch der Satz „Ich will nicht mehr", der trotz meines inneren Friedens und des glücklichen Lebens bei emotionalen und energetischen Abstürzen immer mal wieder auftauchte, ist seit dem Unfall verschwunden und nicht wieder aufgetaucht.

Da ich nie ernsthaft krank war, hatte ich auch nicht erlebt, wie unterstützend die LichtWesen Essenzen auf körperlicher Ebene sind. So lernte ich die Essenzen, mit denen ich schon lange arbeite, von einer ganz neuen Seite kennen. Im Krankenhaus erhielt ich von der geistigen Welt Heilmeditationen, die später auf der CD *Heilende Räume* erschienen und Menschen in ähnlicher Situation geholfen haben.

Im Nachhinein konnte ich sehen, dass der Unfall ein Impuls meiner Seele war, weil ich den anstehenden Schritt zu mehr Körperlichkeit nicht gehen wollte. Auch so können die Botschaften der Seele aussehen. Krankheit und Erkrankungen sind ein direkter Weg für die Seele, die Botschaft deutlich zu machen, wenn wir sie nicht hören wollen. Um das Verständnis solcher Botschaften zu unterstützen, gibt es zahlreiche Bücher, wie das Buch *Krankheit als Sprache der Seele* von Rüdiger Dahlke und *Heile deinen Körper* von Louise Hay, die beide die Sprache der Seele übersetzen.

Um die Wirkung des Seelenlichtes zu verdeutlichen, gefällt mir das Bild des Pferdewagens, das Platon gewählt hat. Platon geht davon aus, dass die menschliche Seele aus den drei Aspekten Vernunft, Trieb und Wille besteht. Die Vernunft muss als Wagenlenker ein Gespann mit den zwei unterschiedlichen Pferden Wille und Trieb lenken. Das eine Pferd, der Wille, ist willig und folgt seinen Anweisungen. Das widerwillige Ross, die Triebe oder das Begehren, ist widerspenstig und will nicht folgen. Dieses Ross muss der Wagenlenker Vernunft zügeln, damit der Wagen des Lebens in die gewählte Richtung vorankommt.

Ich habe das Bild an meine Wahrnehmung des Zusammenwirkens von Seele und Verstand angepasst: Die beiden Pferde sind der innere Widerstand und der Wunsch, dem Seelenplan zu folgen. Der Wagenlenker ist das Ego, das Ich, der Verstand. Letztlich sind wir es, die entscheiden, wie und wohin wir den Wagen unseres Lebens lenken. Es liegt an uns, ob wir uns von den Widerständen und Trieben so bestimmen lassen, dass sie den Weg vorgeben, oder ob wir die Widerstände unter Kontrolle bringen und dem Weg der Seele folgen. Neben dem Ich sitzt die Seele, das Seelenlicht. Sie ist der Beifahrer, der Führer mit Landkarte, der Lotse, der das Ziel kennt und uns Hinweise für den Weg gibt. Es steht uns frei, ob wir den Beifahrer fragen, auf ihn hören und uns von ihm leiten lassen, oder ob wir ihn ignorieren.

Wenn ein Mensch den Kontakt und die Verbindung zu seinem Seelenlicht stärkt, findet auch ein intensiver Austausch mit dem Höheren Selbst und der Urseele statt. Zugänge öffnen sich und können leichter genutzt werden. Die Erfahrungen aus vergangenen Leben fließen ein – gleichgültig, ob uns dies bewusst ist oder nicht. Denn diese Erfahrungen werden nicht immer als Bilder aus vergangener Zeit sichtbar, sondern meist als intuitives Wissen. Wir wissen plötzlich, dass etwas nicht funktionieren kann oder wie es funktioniert; etwas hält uns zurück oder drängt; Ideen und Visionen tauchen „aus dem Nichts" auf.

Wenn das Seelenlicht im Körper „erwacht" und mehr Raum einnimmt, wird der innere Frieden stärker. Menschen erleben dann, wie sie zur Ruhe kommen, und haben das Gefühl, zu Hause angekommen zu sein. Die Intuition, die innere Weisheit und das innere Wissen werden stärker. Die Kraft des Wagenlenkers nimmt zu, er kann die Pferde seines Gespannes besser lenken und die Pferde folgen williger seiner Führung.

Im Seminar „Einweihung in die Seelenenergie" habe ich erlebt, dass Teilnehmer durch den Kontakt zur Seele in einen tiefen inneren Frieden kamen. Sie werden von der Stille ihres wahren Wesens berührt, von dem Anteil ihres Seins, das mit dem einen Sein, mit Gott verbunden ist. Dadurch fällt Anspannung ab.

Wenn dieses Modell der dreigeteilten Seele auf die Aussage von Augustinus angewandt wird, wonach die menschliche Seele ein Abbild Gottes sei, könnte man diese Dreiteilung auch den drei göttlichen Aspekten Vater, Sohn und Heiliger Geist zuordnen. Die Urseele wäre dann ein Abbild des Vaters, das Seelenlicht würde dem Sohn, der in die Welt geht, und der verbindende Heilige Geist dem Höheren Selbst entsprechen.

Übung

Führen Sie die folgende Übung spontan durch, ohne nachzudenken.

Atme einige Male bewusst ein und aus.

Bitte nun deine Seele, dich zu führen, und lege die Hand spontan auf eine Körperstelle, über die du in Kontakt mit deiner Seele treten kannst.

Falls dein Verstand schneller war und du nun mit einem Fragezeichen statt mit der Hand auf dem Körper dasitzt, wiederhole die Übung später noch einmal. Du kannst darauf vertrauen, dass die Seele deine Hand führt.

Es ist möglich, dass sich die Stelle für den Seelenkontakt verändert. Viele Menschen legen ihre Hand spontan aufs Herz, manche auch auf den Solarplexus. Ich habe aber auch beobachtet, dass eine

Dame ihre Hände auf die Nieren legte. Natürlich zweifelt dann der Verstand, da diese Position ja eher ungewöhnlich ist. Doch wenn die Seele, aus welchem Grund auch immer, dir diese Stelle zeigt, dann probiere aus, was geschieht, wenn du über diese Stelle den Kontakt zur Seele herstellst.

Nachdem du deine Hand auf die Körperstelle gelegt hast, über die der Kontakt zur Seele hergestellt wird, bitte die Seele, die Verbindung zu deinem Wachbewusstsein und zu deinem Verstand zu intensivieren.

Es ist möglich, dass an der betreffenden Körperstelle oder in deiner Hand Empfindungen auftreten. Es kann sein, dass du ein Fließen spürst, dass die Hand warm wird oder kribbelt; es kann auch sein, dass du ruhig wirst und ganz zu dir kommst.

•

Diese Übung können Sie in allen Situationen wiederholen, wenn Sie den Kontakt zur Seele intensivieren wollen, zum Beispiel: Wenn Sie eine Entscheidung treffen müssen, aber unschlüssig sind. Wenn Sie sich emotional verstrickt haben, zum Beispiel traurig, wütend, ängstlich, deprimiert sind. Wenn Sie zur Ruhe kommen wollen. Dabei ist es gleichgültig, wo Sie sich befinden. Diese Übung können Sie in der Straßenbahn, an der Bushaltestelle, im Büro, in der Schlange vor der Kaufhauskasse genauso gut machen wie an Ihrem Meditationsplatz. Jede Wiederholung dieser Übung intensiviert den Kontakt zur Seele, und es fällt Ihnen immer leichter, die Verbindung aufzubauen und die Botschaften der Seele zu hören. Durch die Berührung kann die Seele auch den inneren Frieden verstärken.

Wie die Seelenaspekte zusammenwirken

Die drei Seelenaspekte Urseele, Höheres Selbst und Seelenlicht sind miteinander verbunden und wirken zusammen. Zwischen ihnen besteht ein vertikaler Austausch.

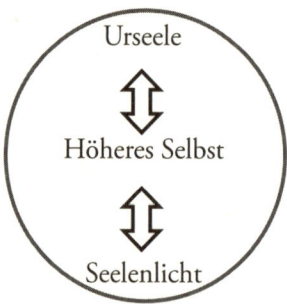

Das Seelenlicht kann über das Höhere Selbst mit der Urseele in Verbindung treten und die Informationen aus der Seelenbibliothek erhalten. Über die Urseele hat das Seelenlicht auch Zugang zum gesamten Schöpfungsplan und zu Erkenntnissen der universellen Zentralbibliothek.

Das druidische Modell des Zusammenspiels dieser Seelenanteile ist die Triskele (Göbel).

Dieser Begriff kommt aus dem Griechischen und bedeutet „dreischenklig". Das Symbol besteht aus drei radialsymmetrisch angeordneten offenen Spiralen und hat besonders in der keltischen Mythologie eine große Bedeutung. Es kann Vergangenheit, Gegenwart und Zukunft bedeuten, aber auch Geburt, Leben und Tod oder

Körper, Geist und Seele (Wikipedia). Laut Thomas Göbel symbolisiert es auch die drei Seelenanteile Urseele, Höheres Selbst und Seelenlicht, die alle miteinander verbunden sind und gleichwertig nebeneinanderstehen.

Seelenvölker

Als Thomas Göbel mir das erste Mal erzählte, dass nach druidischer Lehre die Seelen der Menschen aus unterschiedlichen Seelenvölkern oder Seelenrassen stammen, sträubte sich mein Verstand. „Die Seele des Menschen ist eine Menschenseele, was soll sie sonst sein?", kommentierte er.

Obwohl mein Verstand die Zuordnung der Seelen zu Seelenvölkern ablehnte, erinnerte ich mich, dass ich auf Vorträgen, Messen und in Seminaren oft Menschen getroffen hatte, die meiner Wahrnehmung nach eindeutig aus dem Engelreich kamen. Ich hatte auch schon lange das Gefühl, dass meine ursprüngliche Heimat nicht das Menschenreich war, sondern dass ich bei den Engeln zu Hause bin. Ohne dass es mir bewusst geworden wäre, hatte ich in Vorträgen oft gesagt: „Die Aufgestiegenen Meister, die ihre Kraft für die LichtWesen Meisteressenzen zur Verfügung stellen, schätze und liebe ich. Aber bei den Engeln bin ich zu Hause." Erst jetzt wurde mir bewusst, dass *zu Hause* nicht nur das Gefühl von Geborgenheit und Vertrautheit beschreibt, sondern auch die Herkunft. Als ich mich weiter mit dem Gedanken der Seelenvölker beschäftigte, erinnerte ich mich an Menschen, die auf mich den Eindruck von Elfen und anderen Naturwesen gemacht hatten. Manche hatten mir auch gesagt, dass sie aus dem Elfenreich kämen, und ich konnte ihnen das glauben, denn ihre ganze Ausstrahlung war die einer Elfe. So wurde mir bewusst, dass es einen Teil in mir gab, der schon vor der Begegnung mit Thomas Göbel glaubte, dass die Seelen unterschiedlicher Herkunft waren, und dem die Vorstellung, dass es inkarnierte Engel gibt, sehr vertraut war. Auch im Buch *Engel begleiten uns* hatte ich das schon beschrieben. Im Kapitel *Engelsgleiche Leichtigkeit auf der Erde leben* steht, dass sich unter den „Seelen der Leichtigkeit", die zur Zeit der Jahrtausendwende inkarnieren, auch Engel befinden. Doch mein Verstand blieb hartnäckig. „Das kannst du nicht glauben," meinte er. „Das geht einfach zu weit." Der Konflikt war so nicht zu lösen. Ich versuchte es anders, über das System der Modelle, das ich in Kapitel 3 beschrieben habe. Wenn ich die unterschiedlichen Seelenvölker der Druiden als Modell betrachte, mit dem ich die Wirklichkeit erklären und verstehen kann, ist dieses Modell dann brauchbar?

Das Modell der Druiden geht davon aus, dass in der Schöpfung verschiedene Seelenvölker existieren. Die Druiden nennen sie Seelenrassen. Neben dem Seelenvolk der Menschen gibt es auch die Seelenvölker der Engel, Elfen, Elben, Nixen, Zwerge und die Drachen, die nach dem druidischen Schöpfungsmythos die ältesten Wesen der Schöpfung sind. Jedem Seelenvolk werden bestimmte Fähigkeiten und Aufgaben zugeordnet. Sie haben bestimmte Vorlieben, Eigenschaften und Schwächen. Wenn ich die Bezeichnungen der Druiden als Modell sehe, das ermöglicht, den Menschen zu verstehen, dann hilft diese Einteilung, die eigene Seele, die Aufgabe und den Lebensweg zu verstehen. Letztlich ist es gleich, ob ich die unterschiedlichen Seelenrollen als Krieger, Heiler, König und Gelehrter bezeichne, wie Varda Hasselmann es tut, oder ob ich sie Engel, Elbe und Drache nenne. Es sind Modelle, die hilfreich sind. So ließ ich mich auf das druidische System ein und stellte erstaunt fest, dass ich nun vieles verstehen konnte. Wie bei einem Puzzle ergab sich durch dieses Ordnungssystem ein Bild. Was aber noch wichtiger war, mit diesem Modell konnte der ursprüngliche Teil meiner Seele, der nicht-menschliche Anteil, kraftvoller werden. Dieser Anteil war verbunden mit dem Wissen und der Kraft des Ursprungs und hatte Zugang zu den Fähigkeiten vergangener Leben. Der ursprünglichen Seele mehr Raum zu geben hatte einen großen und positiven Einfluss auf mein Leben, wie ich in Kapitel 2 beschrieben habe. Daher arbeite ich weiter mit diesem Modell.

Letztlich ist es nicht wichtig, welches Modell ich für die Herkunft und die Entwicklung meiner Seele wähle, oder ob ich überhaupt ein Modell wähle. Wir wollen Erfahrungen machen. Dabei führt die Seele uns, und es ist ihr gleichgültig, ob wir sie in eine Struktur einordnen oder nicht. Die Modelle dienen unserem Verstand und damit uns. Sie helfen, uns selbst und unsere Gefühle und Verhaltensweisen zu verstehen, die Stärken und Schwächen leichter zu erkennen, Zugang zu Wissen und Fähigkeiten zu erhalten, und sie helfen auch, sich zu Hause zu fühlen.

Sich mit der Seele verbinden

Meditationen mit der Ausrichtung auf das Seelenlicht und das Höhere Selbst vertiefen die Verbindung und den Einklang zwischen den drei Seelenaspekten. Je häufiger man Kontakt aufnimmt, desto tiefer wird die Verbindung. Der Zugang wird immer leichter und schneller möglich, und schließlich integrieren sich das Wissen und die Impulse der Seele ins Wachbewusstsein. Mit der Seele in Kontakt zu treten wirkt so, wie wenn man einen Weg häufig benutzt. Am Anfang ist der Weg von Pflanzen überwuchert, kaum sichtbar und es lässt sich schwer durchkommen. Leicht verliert man die Richtung oder sieht nicht, wie der Weg weiterläuft. Doch je häufiger man den Weg geht, desto mehr wird er ausgetreten und umso leichter kann man ihn gehen. Wenn die Verbindung zur Seele ein breiter Weg ist, ist auch der Zugang zu den Informationen jederzeit möglich. Auch für die Seele ist es dann leichter, Impulse ins Wachbewusstsein zu senden.

Die Verbindung zur Seele wird auch dadurch intensiviert, wenn ich bewusst und kraftvoll äußere: „Ja, ich will in Einklang mit meiner Seele leben." Oft haben wir den Eindruck, der Wunsch, zur Seele Kontakt aufzunehmen und dem Lebensplan zu folgen, wäre einseitig. Menschen glauben, sie müssen sich anstrengen, müssen sich mühen, und nur wenn sie würdig sind, öffnet sich der Zugang zur Seele. Die Schwierigkeiten des zugewachsenen Weges werten sie als

Zeichen, dass sie noch nicht weit genug sind oder noch nicht würdig sind. Doch auch die Seele hat den Wunsch und die Absicht, mit dem Wachbewusstsein und dem Ego in Kontakt zu sein und einen Einklang herzustellen. Das Bild des Pferdegespannes ist hier wieder hilfreich. Nicht nur der Wagenlenker, auch die Seele als Lotse will mit dem Pferdewagen ein Ziel erreichen. Daher besteht auch von Seiten der Seele der Wunsch, eine gute Verbindung zu haben. Nur so kann sie die Impulse und Visionen ins Bewusstsein bringen.

Man kann auch die unterstützenden geistigen Wesen, wie die Engel oder die geistigen Lehrer, bitten, die Verbindung zur Seele zu stärken. In Verbindung mit der Seele ist leichter zu erkennen, was man aus Situationen lernen soll und auch, welche Menschen für die weiteren Schritte wichtig sind.

Das „Ja" zur Seele hat noch eine andere Wirkung: Wir sind offen für die Geschenke und Hinweise der Seele und des Universums.

Dem Weg der Seele zu folgen heißt nicht, dass es dann keine Schwierigkeiten mehr gibt. Schwierigkeiten sind Herausforderungen, an denen wir wachsen. Oft bilden sie auch die Motivation, genau hinzuschauen und alle Aspekte zu sehen und zu lernen. Eine Bekannte hatte einen Praxisraum gemietet, um Therapie und Lebensberatung anzubieten. Doch ein Bewohner des Mietshauses war dagegen und legte Beschwerde bei der zuständigen Behörde ein. Daraufhin musste die Frau sich mit den gesetzlichen Bestimmungen beschäftigen und mit den Behörden auseinandersetzen. Dies führte jedoch dazu, dass sie nachher genau wusste, was sie anbieten durfte und wie sie ihre Tätigkeit nennen konnte. Zudem hatte sie einen guten Kontakt zu den zuständigen Behörden aufgebaut, die sie auch bei neuen Fragen hilfreich unterstützten.

Wie das Training mit Hanteln die Muskulatur aufbaut, so fördern Schwierigkeiten und Herausforderungen unsere Kraft und Klarheit. Deshalb bezeichne ich die Schwierigkeiten und Probleme auch gerne als Hanteltraining. Seit ich aus dem inneren Frieden heraus lebe, kann ich die Schwierigkeiten und Herausforderungen aus der Ruhe heraus lösen. Der innere Frieden bleibt, auch wenn es im Außen turbulent zugeht.

• • •

MEDITATION ZUM SEELENRAUM

Der Seelenraum bietet die Möglichkeit, den Kontakt mit der Seele und auch zu unterschützenden Wesenheiten zu vertiefen. Die folgende Meditation bildet die Grundlage für die weiteren Meditationen und Begegnungen. Hier treffen Sie auch den Seelenbegleiter, der Sie seit der Erschaffung der Seele begleitet. Er wird im nächsten Kapitel vorgestellt.

Schließe deine Augen. Für einen Moment beobachte deinen Atem und erlaube, dass sich mit deinem Atem Ruhe und Entspannung vertiefen und dein Blick sich in deine innere Welt richtet. Dann erscheint vor dir die Treppe, die dich in deinen Seelenraum führt. Du folgst der Treppe und jede Stufe bringt dich näher zu deinem Seelenraum. Nachdem du den Seelenraum betreten hast, schaust du dich um. Wie sieht dein Seelenraum heute aus? Ist es ein Raum in der Natur oder in einem Gebäude? Welche Farben gibt es? Wie ist das Licht? Wie fühlst du dich hier? Gibt es einen Duft oder eine Musik?

Während du dich umschaust, bemerkst du, dass ein Wesen den Raum betreten hat, ein Wesen, das dir sehr vertraut ist, auch wenn du ihm vorher noch nie begegnet bist. Dieses Wesen ist dein Seelenbegleiter, das Wesen, das dich seit Anbeginn der Zeit begleitet und dir hilfreich zur Seite steht. Ihr seid so vertraut miteinander, dass Worte zwischen euch nicht nötig sind.

Während dein Seelenbegleiter dir näher kommt, spürst du seine Ausstrahlung und wie du durch diese liebevolle Kraft immer mehr zu dir und zum inneren Frieden findest.

Wenn der Seelenbegleiter an deiner Seite steht, legt er seine Hand auf eine Stelle deines Körpers und aktiviert dadurch dein Seelenlicht, den Seelenaspekt im Körper. Durch die Berührung des Seelenbegleiters beginnt das Seelenlicht kraftvoller zu werden. Es ist möglich, dass es sich ausdehnt. Das Seelenlicht löst und klärt die Blockaden, die jetzt gelöst werden können. Durch die Aktivierung des Seelenlichtes stellt sich in dir eine neue Harmonie zwischen der Seele, deinem Körper, dem Verstand und dem Wachbewusstsein, deinem Willen und der Intuition her.

Auf deine Weise kannst du nun wahrnehmen, was in dir passiert, während das Licht deiner Seele dich immer mehr erfüllt.

Vielleicht bekommst du durch das Leuchten des Seelenlichtes eine Erkenntnis oder einen Impuls.

Dann nimmt der Seelenbegleiter seine Hand von deinem Körper und das Seelenlicht nimmt die Größe an, die jetzt richtig ist.

Nun ist es Zeit, diesen Raum wieder zu verlassen. So begibst du dich zur Treppe und folgst ihr zurück in das Hier und Jetzt, machst einige tiefe Atemzüge, beginnst dich zu bewegen und beendest die Meditation mit den Worten „Wach sein".

• • •

Aus den Rückmeldungen zu diesen Meditationen, die ich auch in Seminaren und Vorträgen verwende, weiß ich, dass Menschen auf sehr unterschiedliche Weise den Seelenraum betreten. Bei manchen Menschen führt die Treppe nach oben, bei anderen nach unten. Bei einer Dame führte die Treppe in den Seelenraum nach unten und die Treppe aus dem Raum zurück in die irdische Realität auch wieder nach unten. Sie erhielt das Bild der Welten von Escher, in denen die Treppen immer nach oben bzw. unten führen und trotzdem kommt man wieder am Ausgangpunkt an. Die Botschaft ihrer Seele war: Du brauchst nirgendwo hingehen, um in den Seelenraum zu gelangen. Der Seelenraum ist jetzt.

Andere Menschen sehen überhaupt keine Treppe. Sie haben einen Lift oder sind direkt im Seelenraum, wenn sie die Augen schließen und sich auf den Seelenraum ausrichten. Der Verstand neigt dann dazu, uns zu versichern, dass dies nicht der richtige Raum sein kann, weil der richtige Seelenraum ja nur über eine Treppe zu erreichen ist.

Manche Menschen betreten auch keinen Raum. Bei ihnen ist der Seelenraum eine Lichtung im Wald, ein Brunnen, eine Kathedrale oder ein Saal. Andere sind direkt im Universum oder im Licht. Dann fragt der Verstand: Wie soll ich diesen Raum betreten, wenn es keinen Boden gibt? Was soll ich sehen, wenn es keine Wände gibt? Wie soll ich durch eine Tür gehen? Falls man die Fragen des Verstandes ignoriert, führt die Seele uns weiter und wir erhalten die Informationen und Bilder auf unsere eigene Weise, die der Verstand erneut anzweifelt oder kommentiert.

Eine Teilnehmerin bekam das Bild, dass ihr Seelenbegleiter eine lichtvolle Gestalt besaß, die aber mit schwarzen Stricken gefesselt war. Durch Fragen erkannte sie, dass dies der Hinweis auf karmische Verstrickungen war, die bis jetzt ihre Kraft und ihr Licht zurückgehalten hatten.

Das Aussehen des Seelenraumes kann sich mit jeder Meditation verändern, denn auch in diesen Bildern sind bereits Botschaften der Seele enthalten. Oft ist uns nicht bewusst, was bestimmte Bilder bedeuten. Dennoch erzeugen sie eine Stimmung, ein Gefühl oder öffnen die Tür zu einer Erinnerung. Wenn sich das Aussehen des Seelenraumes verändert, hat sich etwas in uns verändert. Bei einer Teilnehmerin war der Eingang zum Seelenraum mit einer massiven silbernen Tür verschlossen. Sie fürchtete daher, dass ihr Zugang zum Seelenraum verschlossen sei. Als ich sie fragte, ob sie denn in der Meditation im Seelenraum gewesen sei, antwortete sie, dass sei ohne Probleme möglich gewesen und sie sei auch ihrem Seelenbegleiter begegnet. Ich fragte, ob die Tür symbolisieren könne, dass der Zugang gut geschützt und es dadurch nur ihr möglich sei, den Seelenraum

zu betreten. „Ja", antwortete sie, „genau das ist es, denn vor der Tür
saß eine alte Frau als Wächterin, die mich durchließ." Die alte Frau
passte auch zur silbernen Farbe der Tür, denn Silber ist die Farbe
des weiblichen Aspektes. In der folgenden Meditation hatte sich die
Farbe der Tür verändert, das Silber war mit Gold ergänzt.

• • •

Meditation zum Höheren Selbst

Aus Sicht des Höheren Selbst kann man Situationen und Beziehungen aus einer neutralen Position, mit Distanz betrachten. Daher kann diese Meditation sowohl genutzt werden, um in die Energie des Höheren Selbst einzutauchen als auch, um Klarheit zu finden.

Für einen Moment beobachte deinen Atem und erlaube, dass sich mit deinem Atem Ruhe und Entspannung vertiefen und dein Blick sich in deine innere Welt richtet. Dann erscheint vor dir die Treppe, die dich in deinen Seelenraum führt. Du folgst der Treppe und jede Stufe bringt dich näher zu deinem Seelenraum. Nachdem du den Seelenraum betreten hast, schaust du dich um. Wie sieht dein Seelenraum heute aus? Ist es ein Raum in der Natur oder in einem Gebäude? Welche Farben gibt es? Wie ist das Licht? Wie fühlst du dich hier? Gibt es einen Duft oder eine Musik?

Nachdem du dich im Seelenraum umgeschaut hast, betritt dein Seelenbegleiter wieder den Raum und tritt zu dir. Er führt dich an eine Stelle des Raumes, an der du Kontakt mit deinem Höheren Selbst aufnehmen kannst. Wenn du an dieser Stelle angekommen bist, entsteht eine Verbindung zwischen dir und deinem Höheren Selbst. Es kann sein, dass diese Verbindung wie ein Lichtstrahl ist, dass du das Gefühl hast, nach oben zu steigen, oder dass du in einen besonderen klaren Zustand gelangst. Die Verbindung wird sich auf deine ganz eigene Art zeigen.

Nachdem sich die Verbindung zu deinem Höheren Selbst gebildet hat, trittst du nun ein in die Kraft des Höheren Selbst. Diese Kraft und Klarheit erfüllt nun deinen ganzen Körper und dein Energiesystem, und auf deine eigene Art und Weise nimmst du wahr, was dadurch in dir geschieht.

Durch diesen Kontakt stärkt sich die Verbindung zwischen deinem Körper-Energiesystem und dem Höheren Selbst.

Falls du Klarheit und Überblick über eine Situation möchtest, kannst du nun aus der Sicht des Höheren Selbst auf diese Situation schauen. So als würdest du von einem Berg auf die darunterliegende Landschaft schauen, so siehst du die Situation jetzt aus der Sicht des Höheren Selbst, frei von Emotionen und Verstrickungen, frei von Vorstellungen und Wünschen, frei von Wertungen. Du kannst die Situation aus der Distanz und neutral betrachten und erhältst dadurch Erkenntnisse und Einblicke, die dir vorher verborgen waren. Diese Erkenntnisse werden dir jetzt oder später auf deine eigene Weise bewusst.

Nun ist es Zeit, wieder ins Hier und Jetzt zurückzukehren. Deine Aufmerksamkeit richtet sich nun wieder auf den Seelenraum, in dem dein Seelenbegleiter auf dich wartet. Vom Seelenraum begibst du dich wieder zur Treppe und folgst ihr zurück in das Hier und Jetzt, machst einige tiefe Atemzüge, beginnst dich zu bewegen und beendest die Meditation mit den Worten „Wach sein".

•

MEDITATION ZUR VERBINDUNG DER SEELENASPEKTE

Die Seele besteht aus den drei Seelenaspekten Urseele, Höheres Selbst und Seelenlicht im Körper. Diese drei Aspekte sind miteinander verbunden und wirken zusammen. Doch wie im menschlichen Energiesystem, so kann es auch in der Verbindung zwischen den Seelenaspekten Störungen geben, die den Austausch und den Informationsfluss behindern. Wenn es lange keinen Kontakt zwischen dem Seelenlicht und dem Höheren Selbst gab, ist die Verbindung geschwächt. So wie ein Weg zuwächst, der lange nicht benutzt wird, so wird auch die Verbindung zwischen den drei Seelenaspekten undurchlässiger.

Die folgende Meditation stärkt die Verbindung.

Für einen Moment beobachte deinen Atem und erlaube, dass sich mit deinem Atem Ruhe und Entspannung vertiefen und dein Blick sich in deine innere Welt richtet. Dann erscheint vor dir die Treppe, die dich in deinen Seelenraum führt. Du folgst der Treppe und jede Stufe bringt dich näher zu deinem Seelenraum. Nachdem du den Seelenraum betreten hast, schaust du dich um. Wie sieht dein Seelenraum heute aus? Wie fühlst du dich hier?

Nachdem du dich im Seelenraum umgeschaut hast, betritt dein Seelenbegleiter wieder den Raum. Diesmal wird er begleitet von einem Wesen mit einer besonders kraftvollen, heilenden Ausstrahlung, und du erkennst, dass dieses Wesen dein innerer Heiler oder deine innere Heilerin ist. Nachdem der Seelenbegleiter und der Heiler dich begrüßt haben, führt dich der Seelenbegleiter wieder zu dem Platz, an dem du Kontakt mit deinem Höheren Selbst aufnehmen kannst. Sobald du es dir auf dem Platz bequem gemacht hast, hüllt das Wesen der Heilung dich in ein intensives Licht ein. Es ist das Licht der Heilung, das die drei Aspekte der Seele wieder miteinander verbindet. Während das Wesen die Verbindung stärkt, kannst du beobachten, was dadurch in dir geschieht, welche Bilder, Gefühle, Erkenntnisse oder Botschaften du erhältst.

Nachdem der Heiler dich in sein liebevoll heilendes Licht eingehüllt hat, stärkt er dein Seelenlicht.

Das Seelenlicht ist mit dem Höheren Selbst verbunden. Durch die Kraft des Heillichtes wird jetzt diese Verbindung von Störungen befreit und dann gestärkt.

Nachdem die Verbindung zum Höheren Selbst intensiviert wurde, wiederholt der Heiler die Klärung und Stärkung auch mit der Verbindung von Höherem Selbst und Urseele.

Auf deine Weise kannst du wahrnehmen, dass sich durch die Kraft des Heilers die drei Seelenaspekte stärker miteinander verbinden und dass dadurch nun ein harmonisches Miteinander entsteht.

Zum Schluss hüllt der Heiler die drei Seelenaspekte und ihre Verbindung in ein stabilisierendes Licht.

Dann berührt der Heiler dich und klärt und stärkt dadurch auch die Verbindung zwischen dem Seelenlicht und deinem Körper. Auf deine Weise wird dir bewusst, was sich durch diese Heilung geöffnet hat und wie der Fluss zwischen den drei Aspekten in deinem Leben wirkt.

Nun ist es Zeit, diesen Raum wieder zu verlassen. Auf deine Weise kannst du dich bei dem Heiler bedanken.

Anschließend begibst du dich wieder zur Treppe und folgst ihr zurück in das Hier und Jetzt, machst einige tiefe Atemzüge, beginnst dich zu bewegen und beendest die Meditation mit den Worten „Wach sein".

• • •

5.
Wie die Seele durch die Leben wandert

Meiner Ansicht nach erlebt die Seele nicht nur eine einzige Inkarnation. Das aktuelle Leben ist eingebettet in eine Vielzahl anderer Leben und damit nur ein Schritt auf dem Entwicklungsweg der Seele.

Die Seele kommt aus dem einen Sein, der Leerheit, von Gott. Für diesen Urgrund allen Seins gibt es unterschiedliche Bezeichnungen in den Religionen und Kulturen. Der Urzustand, aus dem der Kosmos geschaffen wird, heißt bei den Ägyptern *Nun,* bei den Druiden *Arweyyn,* bei den Germanen *Ginnungagap,* bei den Buddhisten die Leerheit, bei den Lakota (Sioux) *Hanhepi.*

Aus dem Ursprung tritt die Seele ihren Weg durch die Erfahrungen an. Das aktuelle Leben ist dabei wie ein Ausbildungsabschnitt in einer Reihe von Ausbildungsjahren. Wie in der Ausbildung bauen die einzelnen Leben aufeinander auf und ergänzen sich schließlich zu einem Ganzen. So verfügt die Seele über eine Vielzahl an Erinnerungen und Fähigkeiten und erkennt daraus auch zahlreiche Möglichkeiten. Am Ende dieses Weges kehrt die Seele wieder zum Ursprung, zu Gott zurück.

Reinkarnation oder Wiedergeburt ist ein Modell, eine Möglichkeit, den Weg der Seele zu erklären, so wie das Bohrsche Atommodell, das in Kapitel 3 auf Seite 15 dargestellt wurde, ein Modell ist, um den Aufbau des Atoms zu beschreiben. Aber auch andere Modelle sind passend. Ob wir selbst in den anderen Leben gelebt haben, die die Bilder der Seele uns unter bestimmten Bedingungen zeigen, ist nicht wichtig. Es ist auch denkbar, dass die Seele Zugang zu einer

Bibliothek von Erfahrungen anderer hat – ähnlich einer Videothek, in der wir unterschiedliche Filme ausleihen können, die aber von jemand anderem erstellt wurden. Wichtig ist, dass dieses Modell funktioniert und dass wir über die Bilder der Seele einen Zugang zu Erfahrungen und Wissen aus anderen Leben haben. Die Bilder der Seele aus vergangenen Leben helfen, Situationen zu verstehen und zu lösen, vorher verborgene Möglichkeiten zu erkennen und auch Wissen und Techniken zu erlangen, die wir vorher nicht kannten. In meinem Leben habe ich das in vielen Situationen erlebt. So stammen das LichtWesen Schönheitselixier, die Technik des Touch of Oneness, die Einweihungen des Seelenseminares und das Wissen, was für die Herstellung feinstofflicher Essenzen wichtig ist, aus solchen Bildern der Seele. Nicht nur ich, auch viele andere Menschen haben Ähnliches erlebt. Die Vorstellung, dass Menschen wiedergeboren werden, die Idee der Reinkarnation, findet sich zudem in vielen Kulturen und Religionen.

Die Reinkarnation in verschiedenen Religionen und Kulturen

Der Begriff *Reinkarnation* stammt aus dem Lateinischen und bedeutet „Wiederfleischwerdung" oder „Wiederverkörperung". In vielen Kulturen und Religionen nimmt der Glaube an Wiedergeburt und an ein Weiterleben nach dem Tod einen zentralen Platz ein. Die Vorstellung, dass die Seele oder fortbestehende mentale Prozesse nach dem Tod in einem neuen Körper wiedergeboren werden, findet sich im Griechenland der Antike, im römischen Kaiserkult, im Manichäismus und weiteren gnostischen Strömungen, in der jüdischen Kabbala, in der Mystik des Islam, in der Theosophie (vor allem bei Helena Blavatsky), in der Anthroposophie von Rudolf Steiner und in den östlichen Religionen des Hinduismus, Jainismus und Buddhismus (Wikipedia – Reinkarnation).

Die wohl älteste Erwähnung der Seelenwanderung der unvergänglichen Seele im vergänglichen Körper findet sich in den indischen *Upanischaden* (700 v. Chr.). Insbesondere in der *Bhagavad-Gita* ist der Kreislauf der Wiedergeburten beschrieben. Ziel des Lebens nach der Lehre des **Hinduismus** ist zu erkennen, dass die Einzelseele des Menschen *(Atman)* eins ist mit der Weltseele *(Brahman)*. Wenn die Einheit aller Existenz erkannt wird, ist der Mensch aus dem ewigen Kreislauf von Tod und Wiedergeburt befreit.

Der Hinduismus geht davon aus, dass das Verhalten im vorherigen Leben das folgende bestimmt. Gute Handlungen erzeugen gute Umstände für das folgende Leben, aus schlechten Handlungen entstehen widrige Umstände. Nach der Lehre des Hinduismus ist es sogar möglich, nach einer menschlichen Inkarnation als Tier oder selbst als Pflanze wiedergeboren zu werden.

Auch im **Buddhismus** gibt es das Bild der Wiedergeburt. Hier ist es allerdings nicht die Einzelseele, die wiedergeboren wird, denn der Buddhismus lehnt die Vorstellung einer erschaffenen individuellen Seele ab. Im Buddhismus ist der Geist die universale Basis aller Erfahrungen. Er ist der Schöpfer von Glück und Unglück und auch davon, was wir Leben und Tod nennen. So ist die geistige Kontinuität die Grundlage der Wiedergeburt im Buddhismus. Der Geist ist unter bestimmten Voraussetzungen in der Lage, sich an seine früheren Leben zu erinnern. So ist folgender Text von Buddha überliefert:

„Ich erinnerte mich an viele früher durchlebte Existenzen: eine Geburt, zwei, fünf … fünfzig, hundert … hunderttausende, in verschiedenen Weltzeitaltern. Ich wusste alles über diese verschiedenen Leben: wann sie stattgefunden hatten, wie mein Name gewesen war, wer meine Eltern gewesen und was sie getan hatten. Ich durchlebte nochmals das Gute und Schlechte sowie den Tod eines jeden Lebens und kam wieder und wieder ins Leben zurück …" (Sogyal Rinpoche, S. 107).

Wiedergeburt wird im Buddhismus verstanden als Kontinuität der Geistesprozesse. Mentale Kräfte, Egostrukturen und Triebe, die

Sinnesbefriedigung und Verwirklichung anstreben, sind die Ursache für die Wiederkehr in einem neuen Körper (Wikipedia – Reinkarnation). Allerdings gibt es im Buddhismus auch die Vorstellung der bewussten Wiedergeburt, die mit dem Ideal des *Bodhisattva* verbunden ist. Erleuchtete Wesen, die das Rad der Wiedergeburt überwunden haben, kehren freiwillig zurück, um dem Menschen bei seiner Realisation und Befreiung zu helfen.

Auch im Buddhismus wird die Form der Wiedergeburt durch die Neigungen und das Karma vorheriger Leben bestimmt. Weist der Mensch einen positiven Charakter auf, dann wird er als Wesen der drei höheren Daseinsformen wiedergeboren: Götter, Halbgötter, Mensch. Diese drei Klassen zeichnen sich durch einen hohen Grad an Glück aus. Sind die vorherrschenden Neigungen eher negativ und untugendhaft, dann verkörpert sich das Wesen in den drei niederen Daseinsformen: als Tier, Hungergeist oder Höllenwesen. Dort wird es von unzähligen Leiden gequält. Die Gesamtheit der sechs Daseinsklassen wird im Buddhismus „Samsara" oder „Kreislauf der Existenzen" genannt. Erst die Erleuchtung, das Ende aller Unwissenheit und störenden Emotionen, das Ende aller triebhaften Faktoren von Sein und Werden, die Befreiung von allen Bindungen an die gegenständliche, vergängliche und damit leidvolle Welt befreit aus diesem Kreislauf (Lama Karta, S. 36 f.). Der Kreislauf der Wiedergeburten endet im Nirvana, der Leerheit, dem Zustand vollkommener Befreiung.

In der **griechischen Philosophie** sind es Pherekydes von Syros und Pythagoras (beide 6. Jh. v. Chr.) sowie Empedokles und Platon (beide 5. Jh. v. Chr.), die lehren, dass die unsterbliche Seele wiederkehrt. Sie existiert schon vor der Entstehung des Körpers und besitzt ein eigenständiges Dasein: „Weil nun die Seele unsterblich ist und oftmals geboren und alle Dinge, die hier und in der Unterwelt sind, geschaut hat, so gibt es nichts, was sie nicht in Erfahrung gebracht hätte, und so ist es nicht zu verwundern, dass sie imstande ist, sich der Tugend und alles anderen zu erinnern, was sie ja auch früher schon gewusst hat" (Platon in *Menon*). Nach Plotin kann sich die ehemals menschliche Seele auch in Tierkörpern inkarnieren (Wikipedia – Reinkarnation, Jüttemann et al.).

In der **jüdisch-hebräischen Bibel** *(Tanach)* taucht der Begriff der Wiedergeburt nicht auf, ebenso wenig wie in den Hauptströmungen des Islam und des Christentum. In den mystischen Bewegungen dieser Religionen findet man den Begriff der Wiedergeburt jedoch durchaus. Er bildet dort oft ein grundlegendes Element. In der jüdischen Mystik findet sich der Gedanke der Wiedergeburt in der Kabbala. Insbesondere in der *Schaar ha-Gilgulim* („Tor der Reinkarnation") von Rabbi Isaak Luria (1534 – 1572) sind die Gesetzmäßigkeiten der Wiedergeburt für fünf verschiedene Seelenanteile beschrieben. In der islamischen Mystik findet sich die Vorstellung vor allem bei den Sufis (Wikipedia – Reinkarnation).

Auch im **frühen Christentum** war der Glaube an die Wiedergeburt noch verbreitet und überlebte in verschiedenen Ausformungen bis ins Mittelalter. Als Grundlage für ihre Ansicht sahen die Christen die Bibelstelle Matthäus 11,14, in der vermutet wird, dass Johannes der Täufer der wiedergeborene Prophet Elia sei (Wikipedia – Reinkarnation). Origenes, einer der einflussreichsten frühchristlichen Theologen (gest. um 253), glaubte an eine „Vorexistenz der Seele" und schrieb Folgendes darüber: „Jede Seele kommt gestärkt durch die Siege oder geschwächt durch die Niederlagen aus vergangenen Leben in diese Welt" (Sogyal Rinpoche, S. 107). Auf dem Konzil von Braga in Portugal (561 – 563), auf der Synode von Konstantinopel (543) und beim 5. ökumenischen Konzil von Konstantinopel (553) wird die Lehre von der Präexistenz der Seele verurteilt und mit dem Ausschluss aus der Kirche und damit aus dem Himmel bedroht. Die Spuren der Reinkarnationslehre lassen sich allerdings noch bis in die Renaissance nachweisen (Wikipedia – Reinkarnation).

Der Weg durch die Inkarnationen

Wir standen im Mittelpunkt von Stonehenge, dem mystischen Steinkreis in England. Die Gruppe, die Rhea Powers leitete, hatte die Erlaubnis bekommen, den Steinkreis, der sonst für Besucher gesperrt ist, zu betreten. Die Sonne war bereits aufgegangen. Unser gemeinsames Ritual, das Rhea vor Sonnenaufgang begonnen hatte, war beendet. Nun hatten wir Zeit für eigene Erfahrungen. Jemand aus der Gruppe begann, durch die Steintore zu mäandern. Durch die Öffnung zwischen zwei Steinsäulen verließ er das Zentrum, ging um die Steinsäule herum nach außen und kehrte durch die nächste Öffnung wieder in den Steinkreis zurück, um ihn bei der folgenden Öffnung wieder zu verlassen. Ich folgte seinem Beispiel und ging mit langsamen Schritten zwischen den gewaltigen Steinblöcken aus dem Kreis heraus und wieder hinein. Es war wie das Durchwandern der verschiedenen Inkarnationen. Als ich von innen nach außen trat, war es, als würde ich beim Tod den Körper verlassen und in das Zwischenreich eintreten. Mit dem Durchschreiten der Öffnung fielen Last, Enge und Unklarheit von mir ab und ich spürte Klarheit, Kraft, Freude. Ich hatte das Gefühl, wieder zu Hause und ganz ich selbst zu sein. Als ich durch die nächste Öffnung wieder das Zentrum betrat, wurde es eng und drückend. Ich verlor die Verbindung zu anderen Bewusstseinsbereichen, die ich vorher gespürt hatte. Die Struktur und Schwere meines Körpers wurden mir bewusst. Ich war bedrückter, fühlte mich abgeschnitten, allein und eng. Das verschwand wieder, als ich durch das nächste Steintor nach außen schritt. Nun konnte ich auch wahrnehmen, dass ich den Rhythmus vorgab und diesen Weg selbst wählte: hinein und hinaus. Ich hätte ja auch außen in der Weite und Verbindung bleiben können. Doch etwas in mir wusste, dass der Weg hinein und hinaus führte. Es war der Rhythmus, den meine Seele gewählt hatte.

Die erste eigene Erfahrung mit der Wirkung vergangener Inkarnationen machte ich mit einem Mann. Schon bei unserer ersten Begegnung spürten wir beide eine starke erotisch-leidenschaftliche

Anziehung. Ich bemerkte aber auch, dass es neben dieser ungewöhnlichen Attraktivität etwas gab, das mich warnte. Schon beim ersten Gespräch hatte ich das Bild, dass ich diesen Menschen aus einem anderen Leben kannte und dass diese ungewöhnliche Anziehungskraft damit zu tun hatte. Wir begegneten uns an diesem Tag noch einige Male, wechselten ein paar Worte und jedes Mal spürte ich die starke Leidenschaft. Selbst mein Körper reagierte. Der Mann lud mich für den nächsten Abend zum Essen ein. Da ich mich schon mit Reinkarnation beschäftigt hatte, gewohnt war, mit inneren Bildern zu arbeiten, und auch mit der Führung der geistigen Wesen vertraut war, versuchte ich am Abend selbst in die Bilder des vergangenen Lebens hineinzukommen. Ich lud die Engel der Klarheit und der Heilung ein und ließ die Bilder aufsteigen, die mit diesem Mann zu tun hatten. Deutlich sah ich mich im Kleid einer spanischen Zigeunerin, vermutlich in der Zeit des Mittelalters. Dann tauchte der Mann auf, ebenfalls ein Spanier, aber edler gekleidet. Ich sah Bilder, dass wir uns leidenschaftlich liebten und genauso leidenschaftlich stritten. Und er war genauso leidenschaftlich eifersüchtig. Ständig warf er mir vor, dass ich andere Männer anschauen würde. Bei einer dieser Streitigkeiten geriet er so außer sich, dass er mit einem Messer auf mich einstach und mich dabei tötete. Doch das Band der Leidenschaft blieb bestehen und schien nun wieder zu wirken. Um die alten Verbindungen und Verstrickungen zu lösen, bat ich meine geistigen Helfer, diese Situation vollständig zu heilen. Ich verzieh dem spanischen Mann und seiner Seele, bat auch selbst um Verzeihung und ließ reinigendes weißes Licht durch mein Energiesystem und alle meine Anteile fließen. Dann füllte ich mich mit der heilenden Kraft der Liebe. Obwohl ich nie zuvor eine Rückführung in dieser Art gemacht hatte, wusste ich genau, was zu tun war. Ich vermute, auch dieses Wissen kam aus der Erinnerung eines vergangenen Lebens.

Am nächsten Tag wartete ich gespannt auf die Begegnung. Immer wenn ich an diesen Mann dachte, spürte ich nichts. Das verblüffte mich, denn noch am Tag zuvor hatte mein ganzer Körper reagiert.

Genau das Gleiche passierte am Abend. Ich spürte nichts. Der Mann war für mich weder anziehend noch sympathisch noch abstoßend. Ich empfand nichts mehr für ihn, auch nicht, als er mich umarmte. Ihm erging es ähnlich, wie ich später von ihm erfuhr. Wir hatten ein nettes Abendessen, verabschiedeten uns und sahen uns nie wieder.

Ähnliche Erfahrungen machte ich, als ich mit meiner Freundin Shantidevi, die Reinkarnationstherapeutin ist, gezielt in verschiedene Inkarnationen wanderte. Es war für mich verblüffend, dass ich Kenntnisse und Wissen erhielt, wozu ich vorher keinen Zugang hatte, und dass die Techniken, die ich fand, auch tatsächlich funktionierten. Verstrickungen oder Streitigkeiten mit Menschen lösten sich nach einer Reinkarnationssitzung auf, obwohl ich nicht mit den Beteiligten gesprochen hatte. Sogar eine Auseinandersetzung mit einer Behörde, die zuerst ungewöhnlich kompromisslos verlief, fand wenige Tage nach der Reinkarnationssitzung und nachdem ich die Zusammenhänge und meinen karmischen Anteil erkannt und gelöst hatte, einen überraschend schnellen und friedvollen Ausgang. Der Beamte, der sich vorher abweisend und beleidigend verhielt, war nach der Sitzung freundlich und unterstützend.

Für mich hat sich das Modell verschiedener Inkarnationen als hilfreich herausgestellt. Mittlerweile hat sich die Fähigkeit, in vergangene Leben zu schauen, bei mir entwickelt. Durch die vielen Rückführungen, durch zahlreiche Reisen in innere Räume und durch die Verbindung zu meinen geistigen Begleitern fällt es mir heute leicht, Zugang zu vergangenen Inkarnationen zu bekommen, wenn dieser Zugang für die aktuelle Situation wichtig ist.

So wie ich es wahrnehme, verbringen wir zwischen den Inkarnationen einige Zeit im körperlosen Zustand in der geistigen Welt, um das vergangene Leben zu verarbeiten und uns auf das kommende vorzubereiten. Auch andere Autoren wie Varda Hasselmann, Alexander Gosztonyi und Ainslie MacLeod beschreiben dies. Selbst wenn wir den Eindruck haben, dass unser irdisches Leben den Hauptteil unseres Lebens ausmacht, so verbringen wir doch die meiste Zeit zwischen den Inkarnationen. Die Spanne, in der wir auf der Erde weilen, ist kurz im Vergleich zu der Zeit, in der wir die Erfahrungen des irdischen Lebens verarbeiten und uns auf das nächste Leben vorbereiten. Doch die Zeit zwischen den Leben dient nicht nur dazu, die irdischen Erfahrungen zu verarbeiten. In ihr reift und wächst die Seele. Sie entwickelt sich weiter. Manche Seele verbringt mehrere tausend Jahre im Zwischenreich der astralen Welt, bevor sie in einem neuen Körper inkarniert. Manche übernehmen während dieser Zwischenzeit auch Aufgaben.

Die Entwicklung der menschlichen Seele

Ziel des Entwicklungsweges der menschlichen Seele ist es, Erfahrungen zu machen und sich zu entwickeln, um letztlich der Schöpfung zu dienen und die Schöpfung zu erhalten. Einige Autoren und Religionen, die Wiedergeburt beschreiben, gehen davon aus, dass eine Seele unwissend erschaffen wird und sich dann entwickeln muss. Im Hinduismus wird beschrieben, dass sich die Seele durch verschiedene Stadien des Lebens hindurch entwickelt. Sie wird erschaffen und geht ihren Weg durch das Mineralreich und die Pflanzenwelt, um dann nach mehreren Leben als Tier schließlich als Mensch geboren zu werden. Als Menschenseele geht die Entwicklung weiter. Wie im irdischen Leben durchläuft die Seele verschiedene Altersstufen. Von der jungen und unerfahrenen Seele entwickelt sie sich durch die Erfahrungen zur reifen Seele.

Das Alter der Seele

Während die menschliche Seele die verschiedenen Inkarnationen durchläuft, lernt und reift sie, indem sie Erfahrungen sammelt. Wie beim biologischen Alter sind die Erfahrungen und die Lernschritte auf das Alter der Seele abgestimmt. Eine junge Seele hat anderes zu lernen und zu tun als eine alte, reife Seele.

Während das Medium Varda Hasselmann in den Büchern *Archetypen der Seele* und *Welten der Seele* sieben Seelenaltersstufen unterscheidet, gliedert Alexander Gosztonyi die Entwicklung in drei Etappen. Für Gosztonyi entspricht die erste Entwicklungsstufe dem Säuglings- und Kleinkindalter. In dieser Zeit gewöhnt sich die Seele an das Erdenleben. Dieser Abschnitt ist gekennzeichnet durch Unwissenheit, Dumpfheit und eine beinahe völlige Abhängigkeit von der Gemeinschaft. Der Mensch neigt dazu, sich Führern oder „Eltern" anzuschließen und deren Meinung zu übernehmen, da er noch nicht in der Lage ist, seine Situation selbst einzuordnen und zu bestimmen. Die Umwelt wird eher gefühlsmäßig als verstandesmäßig erfasst.

Die zweite Entwicklungsstufe entspricht dem Heranwachsenden. Der Mensch entfaltet seine Eigenständigkeit, seine Intelligenz und lernt Willen und Verstand zu beherrschen. Er muss sich mit sich selbst und der Welt auseinandersetzen, und muss erkennen, was seine Wahrheit ist und was mit seiner Wahrheit übereinstimmt.

In der dritten Etappe, die alle höheren Entwicklungsstufen umfasst, wird die Seele zur erwachsenen Seele. Sie nähert sich dem Göttlichen und handelt in vollem Bewusstsein mit Einsicht und trägt die Verantwortung für ihr Tun. Ihre Handlungen kommen nicht aus dem Ego oder dem „Ich will". Die Handlungen stehen im Dienste des Ganzen und die erwachsene Seele handelt zum Wohle des Universums, man könnte sagen, nach Gottes Willen.

Eine genauere Einteilung und Beschreibung der Seelenaltersstufen ist bei Varda Hasselmann zu finden. Sie teilt die Entwicklung der Seele in sieben Altersstufen: Säuglingseele, Kind-Seele, Junge Seele, Reife Seele, Alte Seele, Transpersonale Seele und Transliminale Seele. Die beiden letzten Altersstufen werden nicht mehr im menschlichen Körper durchlaufen.

Die Säuglingsseele ist die Seele, die zum ersten Mal inkarniert. Ihre Inkarnationen drehen sich um die Themen Hilflosigkeit und

Ohnmacht. Sie ist empfindsam, schutzlos, unselbständig und wie ein Säugling auf die Versorgung und Berührung durch andere angewiesen. Angst und Bedrohung sind allgegenwärtig. Sie kümmert sich hauptsächlich um ihr physisches Überleben und die Fortpflanzung. Meistens hat sie vergessen, dass sie ihre Menschwerdung selbst gewählt hat, und fühlt sich verstoßen und bestraft.

Der Kind-Seele bieten sich die ersten Möglichkeiten der Entfaltung. Diese Phase ist geprägt von Neugier und dem Wunsch, die Umwelt näher zu erkunden. Sie macht die ersten Gehversuche und gerät in den Konflikt zwischen dem Wunsch nach Selbständigkeit und der als schmerzlich empfundenen Abhängigkeit. Sie ist jedoch noch nicht bereit, die Verantwortung für ihr Handeln zu übernehmen. Sie sieht sich als Opfer. Durch Klagen und Aufbegehren will sie andere dazu bewegen, das zu verändern, was ihr selbst nicht behagt.

Die junge Seele ist wie ein Mensch von der Pubertät bis Anfang dreißig. In diesem Zeitraum reift die Seele. Sie löst sich von der Abhängigkeit, erforscht andere Wertesysteme, erkundet die Beziehung zwischen sich und der Welt, erprobt ihre Kräfte und versucht, die Welt unter Kontrolle zu bringen. Eine junge Seele sucht nach Möglichkeiten, die eigenen Wünsche zu erfüllen, und orientiert sich immer mehr am eigenen Willen. Ein Mensch mit einer jungen Seele ist dynamisch, aktiv, risikobereit, unbekümmert. Er strebt nach sichtbarem äußerem Erfolg. Konflikte, Probleme und Schwierigkeiten werden entweder ignoriert oder mit großem Schwung beseitigt. Der Mensch will materiellen Reichtum und Macht. Dabei begeht er unausweichlich Fehler, da der Seele Erfahrung, Gelassenheit und Weisheit noch fehlen. Die Erfahrungen der jungen Seele bilden die Grundlagen für ihre weitere Entwicklung, da sie sich orientiert, ein Wertesystem bildet, sich mit der Welt auseinandersetzt und Verständnis entwickelt. Sie lernt, wie sie in der Welt wirken kann.

Das Stadium der reifen Seele entspricht der Lebensphase von 30 bis 55 Jahren. Nachdem die Seele die äußeren Bedingungen erforscht hat, wendet sie sich nun den Schichten der Wirklichkeit zu, die ihr bisher verborgen waren. Sie interessiert sich für Psyche und Seele, für die innerseelischen Zusammenhänge, für die innere Wahrheit und die geistige Welt. Sie erkundet die Verbindung von körperlicher, psychischer, geistiger und seelischer Ebene. Während die junge Seele die Gemeinschaft mit Gleichgesinnten bevorzugt, fühlt sich die reife Seele von Menschen mit unterschiedlicher Weltanschauung und Lebensführung angezogen. Diese neue Orientierung löst anfangs Zweifel aus, denn die bisherigen Erfahrungen scheinen den neuen Erkenntnissen zu widersprechen. Die reife Seele zieht auch erste Bilanz. Sie erkennt, was sie erlebt und gelernt hat, und wird gelassener. Sie übernimmt Verantwortung für sich selbst und für andere und kümmert sich um das Wohl der Gemeinschaft. Je älter die Seele ist, desto leichter kann sie sich auch in andere Menschen einfühlen, denn sie hat selbst schon vieles erlebt. Die Situationen und die damit verbundenen Gefühle sind ihr aus eigener Erfahrung bekannt. Reife Seelen verstehen deshalb die Welt und die Menschen.

Die reife Seele ist bereit, nicht nur Aufregung und Befriedigung zu suchen, sondern auch leidvolle Erfahrungen als positiv anzunehmen. Sie beschäftigt sich mit den Schattenseiten des Lebens, auch indem sie sich mit anderen Menschen in Problemsituationen befasst. Ihr Blick wendet sich von außen nach innen, erforscht die inneren Strukturen und fragt nach dem Sinn. Zufriedenheit, innerer Friede und Erfüllung sind ihr wichtiger als äußerer Erfolg. Daher bevorzugt sie eine ruhige Lebensweise.

Das letzte Stadium der irdischen Seelenentwicklung ist das der alten Seele. Zentrale Themen sind Einsamkeit und Verbundenheit. Da eine alte Seele nur wenige Menschen trifft, die ihre Ansichten, Erfahrungen, Einstellungen und Ziele teilen können, fühlt sie sich auf der irdischen Ebene einsam und allein. Dies wird dadurch verstärkt, dass sie von Mitmenschen aufgrund ihrer Lebensweise und ihrer Ansichten oft abgelehnt wird. Sie spürt die Sehnsucht nach Vereinigung, nach dem wirklichen Zuhause. Je mehr die Fähigkeit wächst, geistige Wesenheiten, geistige Lehrer und die nichtinkarnierten Mitglieder

der Seelenfamilie wahrzunehmen, desto mehr findet sie ihren Platz und fühlt sich angenommen. Die Seele schüttelt alten Ballast ab und befreit sich von der Last leidvoller Erfahrungen, indem sie ihren Nutzen erkennt. Auf diese Weise erlangt sie eine neue Leichtigkeit und Freude. Gleichzeitig wird sie eigenverantwortlich und kümmert sich wenig um die Meinung anderer. Sie folgt ihrer eigenen Wahrheit und hat auch den Mut, ungewöhnliche Wege auszuprobieren. Da sie auf viele Erfahrungen und Begabungen zurückgreifen kann, stehen ihr viele Möglichkeiten offen, was aber auch zu neuer Unsicherheit und Orientierungslosigkeit führen kann. Die alte Seele beschäftigt sich mit visionären und spirituellen Themen und lernt, sich mit höheren Bewusstseinebenen zu verbinden und von ihnen zu lernen. So spürt sie auch die Sehnsucht nach Vereinigung mit der Ganzheit, mit Gott. Oft entsteht der Konflikt, dass sie sich als Mensch fühlt und wahrnimmt, gleichzeitig aber nicht recht weiß, wohin sie gehört, weil sie mit anderen Bewusstseinsebenen verbunden ist. Die Aufgabe einer alten Seele ist, das irdische Leben bewusst anzunehmen und zu genießen und sich gleichzeitig ihrer wirklichen Herkunft bewusst zu sein. Die Qualitäten der alten Seele sind Weisheit, Güte, Gelassenheit, Offenheit, Demut und Hilfsbereitschaft.

Transpersonale und transliminale Seelen verkörpern sich nur selten auf der irdischen Ebene. Sie erfüllen dann bestimmte Aufgaben: transpersonale Seelen als Helfer beim Übergang großer Seelengruppen, transliminale Seelen, um den geistigen Fortbestand großer Gruppen von Seelen zu gewährleisten und das Bewusstseinsniveau der gesamten Bevölkerung eines Planeten anzuheben.

Ainslie MacLeod geht in seinem Buch *The Instruction* („Die Unterweisung") von zehn Entwicklungsstufen aus. Um vom Zustand der Angst zur Liebe, vom Egoismus zum altruistischen Handeln zu kommen, braucht es seiner Ansicht nach 120 bis 150 Leben. Varda Hasselmann spricht von vielen hundert bis tausend Leben. MacLeod unterteilt junge und alte Seelen und unterscheidet innerhalb dieser zwei Bereiche jeweils fünf Stufen. Seiner Ansicht nach sind junge

Seelen voller Angst. Sie sind egoistisch, intolerant, brauchen einfache, überschaubare Strukturen in kleinen Gemeinschaften und fühlen sich leicht überfordert. Diese jungen Seelen müssen lernen, sich in der menschlichen Gesellschaft und auf der Erde zurechtzufinden und die Sprache zu gebrauchen. Alte Seelen der Stufe 9 und 10 beschäftigen sich mit Spiritualität, entwickeln Bewusstheit und versuchen aus dieser Erde eine bessere Welt zu machen. Sie handeln aus Liebe zu anderen und zur Schöpfung und stellen ihre eigenen Bedürfnisse und Wünsche hintenan.

Jede Entwicklungsstufe und jedes Seelenalter hat seinen eigenen Wert. Wir neigen dazu, junge Seelen als tieferstehend oder schlechter zu beurteilen als reife Seelen und vielleicht auf sie herabzuschauen. Doch jede Altersstufe hat ihre Berechtigung und ihre Lernschritte. Entwicklung passiert Schritt für Schritt. Nur wenn wir als Kind laufen lernen, können wir als Erwachsener gehen, ohne darüber nachzudenken. Die Kenntnis der einzelnen Altersstufen und der Respekt vor der Entwicklung unserer eigenen Seele und der Entwicklung anderer helfen daher, mit uns selbst und auch mit unseren Mitmenschen verständnisvoller umzugehen und sie in einer hilfreichen Weise zu unterstützen.

Seelenrollen

Die Entwicklung der Seele ist nicht nur von ihrem Alter abhängig. Sie wird auch beeinflusst vom Archetyp der Seele, auch Seelenrolle genannt. Varda Hasselmann unterscheidet sieben Seelenrollen, Ainslie MacLeod zehn. Die Archetypen der Seele umfassen das gesamte Potential des Menschseins, alle Möglichkeiten seelischer, geistiger und materieller Entfaltung. Varda Hasselmann beschreibt die Seelenrollen Heiler, Künstler, Krieger, Gelehrter, Weiser, Priester und König. Sie geht davon aus, dass die Seele nach ihrer Erschaffung einen dieser Archetypen für den gesamten Entwicklungsweg wählt, um das Prinzip dieser Seelenrolle zu lernen: Als Heiler lernt sie helfen und dienen, als

Künstler gestalten, als Krieger kämpfen, als Gelehrter lehren und lernen gleichzeitig, als Weiser kommunizieren, als Priester trösten, und in der Seelenrolle des Königs lernt sie zu führen. Die Seelenrolle bleibt zwar konstant, doch um zu wachsen, muss die Seele auch Prinzipien lernen, die nicht ihrer eigenen Rolle entsprechen. So lernt ein Weiser vom Künstler und der Künstler vom Weisen, der Krieger vom König und umgekehrt. Daher ist es oft schwierig, die konstante Seelenrolle des Menschen zu bestimmen, da sie von anderen Merkmalen überlagert wird. Hinzu kommt, dass der Seele nach Ansicht von Varda Hasselmann neben der konstanten Seelenrolle und dem Seelenalter noch fünf andere Wesensmerkmale zur Verfügung stehen. Diese fünf Merkmale sind das Entwicklungsziel, die Form der Angst, die sie im bevorstehenden Leben bearbeiten will, die Mentalität, der Modus und das körperliche Reaktionsmuster. Zu den Entwicklungszielen gehören Verzögern, Ablehnen, Unterordnen, Stillstehen, Akzeptieren, Beschleunigen und Herrschen. Zu den Formen der Angst gehören Selbstverleugnung mit der Angst vor Unzulänglichkeit, Selbstsabotage mit der Angst vor Lebendigkeit, Märtyrertum mit der Angst vor Wertlosigkeit, Starrsinn mit der Angst vor Unberechenbarkeit, Gier mit der Angst vor Mangel, Hochmut mit der Angst vor dem Verletztwerden und Ungeduld mit der Angst vor Versäumnis. Beim körperlichen Reaktionsmuster unterscheidet Varda Hasselmann emotional, intellektuell, sexuell, instinktiv, spirituell, ekstatisch und motorisch. Diese werden kombiniert mit der Mentalität des Stoikers, Skeptikers, Zynikers, Pragmatikers, Idealisten, Spiritualisten und Realisten und beeinflusst vom Modus Zurückhaltung, Vorsicht, Ausdauer, Beobachtung, Macht, Leidenschaft, Aggressivität. Wenn man diese fünf variablen Merkmale, aus denen die Seele vor jeder Inkarnation neu wählt, zugrunde legt, steht der Seele eine Vielfalt an Entwicklungsmöglichkeiten zur Verfügung.

Nach MacLeod legt sich die Seele nicht auf eine Seelenrolle fest, wie es Varda Hasselmann beschreibt, sondern sie kann vor jeder Inkarnation aus zehn Seelentypen oder Seelenrollen neu wählen. In jeder Inkarnation entscheidet sie sich neu, ob sie als Helfer, Betreuer, Erzieher, Denker, Schöpfer, Künstler, Jäger, Führer, spiritueller Typ oder transformierender Typ Erfahrungen sammeln will. Als Helfer ist ihr Lebensfokus auf Dienen gerichtet, als Betreuer auf Fürsorglichkeit, als Erzieher auf Unterrichten, als Denker auf Wissen, als Schöpfer auf Kreativität, als Künstler auf Kommunikation, als Jäger auf Aktivität, als Führer auf Autorität, als spiritueller Typ auf Weiterentwicklung und als transformierender Typ auf Einheit und Einssein. Eine dieser Seelenrollen wird zur Hauptrolle des anstehenden Lebens, zusätzlich wählt die Seele noch zwei Nebenrollen. So lernt die Seele alle Aspekte der menschlichen Vielfalt. Obwohl die Seele immer wieder frei wählen kann, geht MacLeod davon aus, dass sich nach einigen Leben drei „Lieblingsrollen" herauskristallisieren, in der die Seele bevorzugt inkarniert.

Neben den Seelenrollen gibt es auch bei MacLeod weitere Aspekte, aus denen die Seele wählen kann. Dazu gehören zehn Missionen, wie Wandel, Heilen, Macht oder Liebe, weiterhin zehn Ängste – die Angst vor Verlust, vor Verrat, vor Nähe, vor Ablehnung, vor Autorität, vor Machtlosigkeit, vor Versagen, vor dem Tod, die Angst vor Selbstdarstellung und vor Minderwertigkeit. Außerdem wird nach MacLeod das Leben beeinflusst von jeweils zehn unterschiedlichen Wünschen, Herausforderungen, Analysen, Talenten, Kräften und unterschiedlichen Pfaden, wie Zusammenarbeit, Respekt, Verständnis, Frieden, Freiheit, Liebe. Nach Ansicht von MacLeod stellt sich die Seele aus all diesen Aspekten vor jeder Inkarnation ein individuelles Lebensmuster zusammen.

Auch im druidischen System werden die Seelen in unterschiedliche Seelentypen oder Seelenrassen eingeteilt, und auch dort gibt es die unterschiedlichen Altersstufen. Alte Seelen existieren laut Thomas Göbel schon seit den Anfängen der Zeit, junge Seelen haben erst wenige Inkarnationen hinter sich. Die Seelen können nach druidischer Lehre aus den Seelenrassen Menschen, Drachen, Engel, Elben, Elfen, Nixen, Undinen, Sternenwölfe, Zwerge und noch einigen anderen stammen.

Neben den hier beschriebenen Systemen gibt es noch andere Einteilungen in Seelentypen und Seelenalter.

Als ich diese unterschiedlichen Systeme entdeckte, fand ich dies zunächst verwirrend und kompliziert. Mir drängte sich die Frage auf: Was stimmt denn nun und was soll ich damit anfangen? Hier hilft wieder das Bild der Modelle. Die Einteilung in Seelenrollen, Archetypen, die verschiedenen Altersstufen und die anderen Variablen helfen, die Struktur der Seele zu verstehen und zu erkennen, was die Seele für dieses Leben als Erfahrung gewählt hat. Es geht darum, sich selbst zu erkennen und die Erfahrungen, Situationen und Schwierigkeiten im eigenen Leben besser zu verstehen. Als mir die unterschiedlichen Modelle begegneten, nutzte ich sie, um folgende Fragen zu klären: Wo würde ich mich in diesem System zuordnen? Welche Herausforderungen, Fähigkeiten, Ziele und Schwierigkeiten hat meine Seele als Lernschritt gewählt und was bedeutet das für mich? Über das Modell der Archetypen, Seelenrollen und Seelenalter kann ich die Qualitäten, Stärken und Schwächen des eigenen Wesens leichter erkennen und akzeptieren. Mit den Modellen kann ich auch leichter erkennen, welche Aufgaben und Möglichkeiten ich habe und wie ich mit mir selbst umgehen kann, um ein erfülltes Leben zu leben. Sie können mir auch helfen, toleranter mit anderen Menschen und ihren Eigenarten umzugehen. Allerdings bergen sie auch die Gefahr, andere in Schubladen zu stecken oder überheblich zu werden.

Nicht alle Modelle passen für jeden Menschen. Bei manchen Modellen spüre ich ein inneres Ja, bei anderen sträubt sich etwas, sie für mich anzuwenden. Manche Modelle sind mir zu komplex und zu kompliziert, andere passen für mich nicht. Doch all diese Modelle lassen die Vielfalt unserer Reaktions- und Erfahrungsmöglichkeiten erkennen.

Die Entwicklung anderer Seelenvölker

Die Darstellung der Entwicklung der Seele vom Mineralreich zum Menschen hat mich immer verwirrt, denn meine Wahrnehmung ist anders. Wenn ich mir die Geburt meiner Seele und die ersten Inkarnationen auf der Erde anschaue, sehe ich, dass ich am Anfang mehr Fähigkeiten und mehr Wissen besaß als heute. Mir scheint, als habe ich „oben auf der Leiter" angefangen. Zu Beginn meines Weges war ich wesentlich weiter entwickelt als heute. In meiner ersten irdischen Inkarnation sehe ich mich als Hohepriesterin in Atlantis, die außerordentliche Fähigkeiten, Wissen und Kräfte hatte. Sie hatte eine klare Verbindung zu geistigen Wesenheiten und konnte auch deren Kraft, Weisheit, Weitsicht und Energie nutzen. Nach der ersten irdischen Inkarnation bin ich dann immer tiefer in die irdischen Verstrickungen hinabgestiegen, auf der Leiter nach unten. Mit jeder neuen Inkarnation schwanden Wissen, Kraft und Verbindung zu höheren Welten. Zu Beginn meiner Erdenleben war ich meist als Priesterin oder spiritueller Lehrer tätig, dann folgten Inkarnationen als Heiler, als Bäuerin und Dienstmagd. Neben den Inkarnationen, in denen ich verbunden war mit Wissen und Weisheit, in denen ich voller Kraft und in Liebe im Einklang mit der Schöpfung diente, gab es später auch Inkarnationen mit Machtmissbrauch, Verrat, Feigheit und Manipulation von anderen zum eigenen Vorteil. Die Erfahrung, völlig vom Wissen, von Gott, den geistigen Kräften und von allen Fähigkeiten abgeschnitten zu sein, war der Tiefpunkt auf der Leiter. Ich hatte mich zwischen den Polen von Licht und Dunkel bewegt und war nun am dunkelsten Punkt angekommen, weit entfernt vom Licht. Ich erinnerte mich an nichts und hatte auch keinen Zugang zu meiner Seele oder inneren Werten. Dieses Leben in Dunkelheit war voller Leid. Es war nicht das Leid des äußeren Lebens, es war inneres Leid. Ich war erfüllt vom Schmerz des Alleinseins, des Abgeschnittenseins, des Ohne-Heimat-Seins, und hätte es nicht einmal benennen können. In diesem dunklen Leben war ich getrieben von einer Suche nach etwas und wusste nicht einmal, wonach ich suchte. Es war ein innerer Hunger, der nicht gestillt werden konnte, denn alles, was ich aß oder tat, machte mich nicht satt. Diese Erfahrung war wertvoll und wichtig für meinen weiteren Inkarnationsweg, denn es war der Wendepunkt. Meine Seele hatte die Erfahrung gemacht, was es bedeutet, abgeschnitten zu sein von der Quelle, vom Göttlichen. Sie hatte die enorme Spannung erlebt, die am anderen Ende der Dualität herrscht, weit entfernt von der Liebe und dem Einklang. Als ich dieses Leben nach dem Tod mit meinem Seelenbegleiter im Zwischenreich anschaute, erkannte ich, dass sich durch die Abkehr vom Einklang mit der Schöpfung eine immer größere Spannung aufgebaut hatte. Die Heimat der Seele ist das Sein, die Liebe, die Ganzheit, Gott. Dort herrscht Frieden, Stille, Glückseligkeit. Es gibt kein irdisches Wort, das diesen Zustand auch nur annähernd trifft. Je mehr ich mich von dieser Heimat wegbewegte ins Dunkle, desto größer wurde die Spannung. In der irdischen Inkarnation spürte ich diese Spannung als Traurigkeit, ohne zu wissen, warum ich traurig war; als Sehnsucht, ohne zu wissen, wonach ich mich sehnte. Ich erlebte sie als Suche. Zuerst suchte ich im Außen der irdischen Welt, häufte Güter, Geld, Macht, Erfolg und Wissen an und fühlte mich dennoch nicht erfüllt. Diese innere Spannung wirkte wie ein Gummiband, das extrem gespannt wird. Sie zog mich zurück zur Bewusstheit und zu einem Leben im Einklang mit der Liebe. Denn nach dem Tiefpunkt begann die Suche im Innen. In der Inkarnation nach dem Tiefpunkt kam ich in ein Kloster. Ich war nicht freiwillig eingetreten, ich wurde „hineingesteckt", weil man mich los werden wollte. Im Kloster hatte ich auch keine hohe Stellung. Ich war die Nonne, die die Böden schrubbte und am Ende der Hierarchie stand. Obwohl ich bis zum Schluss innerlich gegen meine Situation rebellierte, hatte ich doch am Ende des Lebens die Erkenntnis gewonnen, dass der innere Frieden und die Suche nach Gott Erfüllung bringen können. Danach stieg ich die Leiter wieder hoch. Meine Entwicklung könnte man in V-Form darstellen. Ich traf viele andere Menschen, die eine ähnliche Wahrnehmung ihrer Entwicklung hatten.

Es mag so erscheinen, als verliefen die Inkarnationen kontinuierlich in eine Richtung. Nach der hohen Inkarnation steigt man die Leiter hinunter, Sprosse für Sprosse, um sie dann wieder hinaufzusteigen. Doch mir scheint, als seien die Inkarnationen nicht in dieser Konsequenz linear. Wenn man im Bild der Leiter bleibt, so springt man auf der Leiter. Man überspringt Sprossen nach oben und nach unten. Nach einer Inkarnation als weiser Mönch kann eine Inkarnation als unbewusster Bettler folgen, in der man keinen Zugang zur Seele hat.

Manche Menschen gehen davon aus, dass alle Inkarnationen gleichzeitig stattfinden. Wie eine Sonne steht die Seele im Mittelpunkt aller Inkarnationen, und um sie herum finden die verschiedenen Leben gleichzeitig statt.

Eine Erklärung für diese unterschiedliche Wahrnehmung der Seelenentwicklung – vom Mineral über das Tier zum Menschen einerseits und vom Beginn auf einer hohen Entwicklungsstufe mit folgendem Ab- und Aufstieg andererseits – liefert Thomas Göbel. Er vertritt die Ansicht, dass die Seelenrasse Mensch sich tatsächlich durch verschiedene Stufen nach oben entwickelt, vom niederen Bewusstseinsbereich der Mineralien oder Tiere zum Menschen. Menschenseelen füllen ihre Bibliothek des Wissens im Laufe der Entwicklung und reifen mit jedem Leben. Seelen, die zu anderen Seelenvölkern gehören, wie Engel- oder Elfenseelen, besitzen den Zugang zum Wissen und zur göttlichen Quelle seit Anbeginn. Sie haben sozusagen eine Verbindung zur Zentralbibliothek, auch wenn in ihrer eigenen Seelenbibliothek noch kein einziges Buch steht. Während die menschliche Seele sich entwickeln muss, mit jedem Leben Erfahrungen und Wissen sammelt und dadurch reift, kann die nicht-menschliche Seele auf das im Universum vorhandene Wissen zurückgreifen. Sie muss nicht erst eigene Erfahrungen machen, um wirken zu können. Die Entwicklung der menschlichen Seele ist vergleichbar mit dem menschlichen

Lebensweg: Als Neugeborene ist sie hilflos und unwissend; bevor sie ein selbständiges Leben beginnen kann, muss sie viel lernen. Die nicht-menschlichen Seelen sind wie Schildkrötenkinder. Wenn sie aus dem Ei schlüpfen, wissen sie bereits alles, was sie für ein eigenständiges Leben brauchen. Die Elterntiere versorgen das Schildkrötenkind nicht und bringen ihm auch nichts bei. Dieses Bild verdeutlicht auch, was die nicht-menschliche Seele lernen muss. Wie die Schildkrötenkinder muss sie lernen, sich in der Welt zurechtzufinden. Auch wenn sie bereits alles Wissen, was sie braucht, in sich trägt, so muss sie es doch anwenden und herausfinden, was in ihrer Umgebung funktioniert und was nicht, wie sie sich entwickeln und wachsen kann, welche Gefahren ihr begegnen und welche Methode aus ihrem Wissensschatz sie am besten schützt. Die nicht-menschliche Seele lernt auch, wie sie mit anderen Wesen zusammenwirken kann.

Die nicht-menschliche Seele besitzt von Anfang an Wissen und Fähigkeiten, die sich die menschliche Seele erst noch erwerben muss. Während für die Menschenseelen die Entwicklung zur Ganzheit und Vollkommenheit im Mittelpunkt steht, müssen die Seelen der anderen Seelenvölker lernen, gemeinsam mit anderen zu wirken, um die Schöpfung zu erhalten. Sie lernen, mit ihrem Wissen und ihren Fähigkeiten der Schöpfung zu dienen und für andere Seelen Lehrer und Begleiter zu sein. Sie inkarnieren auf der Erde, um Aufgaben zu übernehmen. Zu diesen Aufgaben gehören die Fürsorge und Weiterentwicklung für den Planeten Erde, Hilfe für die Entwicklung der Menschen und anderer Lebewesen, Lehren und Heilen.

Bei Gosztonyi fand ich eine ähnliche Erklärung. In seinem Buch *Anatomie der Seele* schreibt er, dass es viele Welten mit unterschiedlichen Seelen gibt (S. 44). Er hebt mehrmals hervor, dass seine Beschreibung der Seelenanatomie nur für die menschliche Seele gilt. Er schreibt auch, dass die Engel der höheren Engelsordnung schon immer so waren, wie sie heute sind, und keine Entwicklung brauchen; dass es jedoch auch Engelsordnungen gibt, die die irdisch-menschliche Entwicklung der Seele vollziehen (S. 43).

Auch die Seelen der nicht-menschlichen Seelenvölker entwickeln sich. Sie reifen, indem sie Erfahrungen sammeln, und sie füllen ihre Seelenbibliothek mit den Büchern der Erfahrung. Sie lernen, wie sie das Wissen und die Kenntnisse der Zentralbibliothek an die Bedingungen der jeweiligen Inkarnationen anpassen können und wie sie es für ihre Aufgabe nutzen können. Außerdem müssen sie herausfinden, wie sie in den dichten Strukturen der Materie und des menschlichen Körpers ihre Fähigkeiten und ihr Wissen umsetzen können. Dabei entwickeln sie sich ähnlich wie die Menschenseelen.

Wenn nicht-menschliche Seelen wie Engelseelen als Mensch inkarnieren, brauchen sie einen menschlichen Seelenanteil. Im irdischen Leben steht zunächst der menschliche Anteil im Vordergrund. Er wird für das irdische Leben gebraucht. Der menschliche Seelenanteil ist in der Lage, die Visionen, Lernschritte und Aufgaben der Engelseele im Irdischen umzusetzen. Er sammelt Erfahrungen, um das Wissen, das die Engelseele besitzt, auf der Erde zu verwirklichen. Die von Varda Hasselmann und MacLeod beschriebene Entwicklung von Seelenalter, Seelenrollen, die Wesensmerkmale und Aufgaben der Seele (Seite 70 – 77) gelten für den menschlichen Seelenanteil.

Das Modell nicht-menschlicher Seelen, die einen menschlichen Anteil brauchen, um im Irdischen leben und wirken zu können, bietet auch eine Erklärung für den inneren Konflikt, den manche Menschen in sich spüren und mit dem auch ich jahrelang gerungen habe. In mir gab es immer den Anteil, der „wusste", der die innere Stimme hören konnte, der eine Verbindung hatte zu höheren Bewusstseinsebenen, der die Ursachen von Beschwerden und Konflikten bei anderen wahrnehmen konnte. Dieser Teil war in meiner Jugend vom menschlichen Anteil verdeckt. Wenn der menschliche Anteil den wahren Seelenanteil – manche nennen ihn auch die göttliche Seele – verdeckt, kann das den Eindruck erwecken, dass sie keinen Kontakt zur Seele haben oder bekommen. Eine Frau, die schon seit vielen Jahren auf dem spirituellen Weg ist, fragte mich sogar: „Bist du dir sicher, dass ich eine Seele habe? Ich kann sie nicht spüren."

Als ich mich auf den spirituellen Weg begab und begann, mit feinstofflichen Energien zu arbeiten und meine intuitive Wahrnehmung zu schulen, wurde der wissende Anteil immer stärker. Dennoch habe ich ihn bis zum letzten Jahr, als ich bewusst Kontakt mit meiner Seele aufnahm, zurückgehalten. Zweifel, die Angst ausgelacht und für verrückt erklärt zu werden und nicht mehr dazuzugehören, waren stärker. Angst, Zweifel und die Tendenz, meine Fähigkeiten und mein Wissen unter den Scheffel zu stellen, kommen aus dem menschlichen Seelenanteil, das Wissen und die Klarheit aus dem nicht-menschlichen.

Der nicht-menschliche Seelenanteil ist alt, wissend und verbunden mit dem Göttlichen. Dieser Teil kennt seine Aufgabe, seine Bestimmung und auch die Techniken, mit denen er im Irdischen wirken will. Er ist voller Bewusstheit und hat dementsprechend auch Selbstbewusstsein. Vor allem, dieser Seelenanteil hat keine Angst. Aus diesem Teil kommen manchmal Aussagen, Erkenntnisse und Antworten, über die wir selbst staunen: „Das kam nicht von mir," hört man sich in einer solchen Situation oft sagen. Aus diesem Anteil heraus arbeiten auch viele Menschen, die Seminare leiten oder therapeutisch tätig sind. Da dieser Anteil den Zugang hat und weiß, fühlen sich die Menschen sicher und vertraut mit der Arbeit, und gleichzeitig zweifeln sie, ob das richtig ist, was sie sagen und tun. Die Zweifel kommen aus dem menschlichen Anteil.

Obwohl nicht-menschliche Seelen Zugang zum Wissen und zu ihren vergangenen Erfahrungen haben, verlieren sie diesen Zugang, wenn sie als Mensch inkarnieren. Der menschliche Anteil führt dazu, dass auch sie vergessen. Auch sie erinnern sich nach der Geburt nicht mehr an ihre Aufgabe, an ihr Wissen und ihre Fähigkeiten, obwohl der nicht-menschliche Anteil diesen Zugang weiterhin besitzt. So machen die inkarnierten nicht-menschlichen Seelen genau wie die Seelen der Menschen die Erfahrung, vom Wissen und von der Verbindung zu den höheren Bewusstseinsebenen abgeschnitten zu sein.

Auch sie müssen lernen, sich wieder zu erinnern und den Zugang zur Zentralbibliothek wiederherzustellen.

Dieser Lernschritt ist besonders für spirituelle Lehrer und Heiler sinnvoll. Würden sich diese Seelen von Geburt an erinnern und den Zugang bewusst besitzen, hätten sie kein Verständnis für Menschen, die den Zugang nicht haben. Sie wüssten nicht, wie sie inkarnierte Seelen unterstützen können, die den Zugang verloren haben. Sie müssen erst selbst erleben, was es bedeutet, abgeschnitten zu sein, keinen Zugang zu haben. Es ist wie im irdischen Leben: Wenn ich lehren will, wie man Auto fährt, dann muss ich es nicht nur selbst können, ich muss auch wissen, welche Schwierigkeiten ein Fahranfänger hat. Wenn ich erlebt habe, wie man sich am Anfang überfordert fühlt von den vielen Aufgaben, die man gleichzeitig bewältigen soll – lenken, Gas geben, den Gang wechseln, wissen, wo Gas-, Kupplungs- und Bremspedal sind, gleichzeitig auf den Straßenverlauf und den Verkehr achten, immer bremsbereit sein und auch wissen, wie man bremst –, versteht man die Schwierigkeiten des Anfängers. Später, wenn alles in Fleisch und Blut übergangen ist, denkt man nicht mehr darüber nach. Jemand, der mit dem Wissen, wie man Auto fährt, geboren würde und es nicht lernen muss, kann es anderen, die es nicht können, nur schlecht vermitteln. Jemand, der mit der Fähigkeit, die Aura zu sehen, geboren wird, ist oft kein guter Lehrer, denn ihm ist nicht bewusst, wie es funktioniert und was er macht. Er macht es einfach – so wie man später einfach Auto fährt.

Der Konflikt zwischen dem nicht-menschlichen und dem menschlichen Seelenanteil kann auch durch ein unterschiedliches Alter der beiden Anteile verursacht werden. Besitzt ein Mensch als nicht-menschlichen, ursprünglichen Seelenanteil zum Beispiel eine alte Engelseele, hat dieser Seelenanteil einen uneingeschränkten Zugang zu Wissen und Fähigkeiten. Um als Mensch zu inkarnieren, braucht die Engelseele einen menschlichen Anteil. Im irdischen Leben steht zunächst der menschliche Anteil im Vordergrund. Er wird für das irdische Leben gebraucht. Der menschliche Seelenanteil ist in der

Lage, die Visionen, Lernschritte und Aufgaben der Engelseele im Irdischen umzusetzen. Er sammelt Erfahrungen, um das Wissen, das die Engelseele besitzt, auf der Erde zu verwirklichen. Ist der menschliche Seelenanteil noch jung und nicht gereift, dann ist er voller Angst und Zweifel. Er macht sich klein, hat wenig Selbstbewusstsein und ist oft erstaunt, wenn durch ihn Heilungen oder Erkenntnisse kommen, die er sich selbst nicht zugetraut hätte. Dadurch entsteht eine Diskrepanz zwischen der Engelseele und dem menschlichen Anteil. Das ist so, als würde ein Erwachsener sich von einem Kind führen lassen. Der Erwachsene drängt, weil er etwas bewirken will, das Kind ist unsicher, ängstlich und verwirrt. Die Engelseele will die Entwicklungsschritte machen und ihre Aufgabe erfüllen, der menschliche Anteil bremst, weil er Angst hat, keine Verantwortung übernehmen und versorgt werden will. Diese Diskrepanz zwischen der Entwicklungsstufe des menschlichen Anteils und der Engelseele kann zu innerer Spannung und zu Verwirrung führen. Der Ausdruck „zwei Seelen in einer Brust" ist eine gute Beschreibung dafür.

Die Handlungen und das Selbstbewusstsein eines Menschen mit unterschiedlichen Seelenanteilen werden von dem Anteil gesteuert, der gerade den größeren Einfluss hat. Tritt die Engelseele oder ein alter Seelenanteil anderer Herkunft in den Vordergrund, handelt der Mensch zügig, kraftvoll und klar. Tritt der menschliche Anteil in den Vordergrund, reagiert er zögernd und ängstlich. Er geht zwei Schritte vorwärts und wieder zurück, weil er Angst vor der eigenen Courage bekommt. Befindet sich der menschliche Anteil in der Phase der jungen Seele, in der äußerer Erfolg und das Beherrschen der Welt im Vordergrund stehen, kann es vorkommen, dass das Wissen der Engelseele und der Zugang zu höheren Bewusstseinsbereichen für den eigenen persönlichen Erfolg eingesetzt werden. Machtmissbrauch und Missbrauch von Kräften und Wissen sind dann leicht möglich. Wenn zwei unterschiedlich alte Seelenanteile vorhanden sind, braucht es eine innere Balance und eine unterstützende Verbindung zwischen den beiden Anteilen.

Nicht-menschliche Seelen, die schon häufig auf der Erde inkarniert haben, besitzen auch einen weitentwickelten menschlichen Anteil. Bei ihnen ist der Konflikt nicht mehr so ausgeprägt wie bei den Seelen, die erst wenige Male auf der Erde waren.

Mit dem Modell der zwei Anteile, dem menschlichen und dem nicht-menschlichen, fand ich einen Weg, um eine neue Harmonie und Kraft für mich herzustellen. Ich konnte wahrnehmen, dass der ursprüngliche Seelenanteil mich mit dem Wissen und den Fähigkeiten der Anfangszeit verband. Er war auch der Anteil, der Zugang zur Zentralbibliothek des universellen Wissens hatte. Der menschliche Anteil war wichtig, um die Erkenntnisse und die Fähigkeiten an die irdischen Verhältnisse anzupassen und kraftvoll zu wirken. Beide Anteile sind notwendig und werden gebraucht. Wenn sie zusammenwirken, kann ich im Irdischen kraftvoll sein. Doch bisher hatte mein menschlicher Anteil das Licht der Seele verdeckt. Nach dem Kontakt mit der ursprünglichen Seele wurde ihre Kraft und auch ihr Leuchten stärker. Ganz bewusst bat ich nun den leuchtenden Anteil meiner ursprünglichen Seele, mein Seelenlicht, eine neue Harmonie mit dem menschlichen Anteil herzustellen. Ich arbeitete mit dem Bild, dass das Licht der ursprünglichen Seele den menschlichen Anteil einhüllt und dass sich beide Anteile verbinden. Dadurch entstand eine neue Balance, ein neues Miteinander. Nachdem ich dies einige Male wiederholt hatte, verschwand die innere Anspannung. Ebenso verschwanden Zweifel und das Zurückhalten von Erkenntnissen aus Angst vor Ablehnung. Ich fand anschließend auch leichter Worte, um das, was ich wahrnehmen konnte, verständlich und brauchbar auszudrücken.

Auf Seite 87 finden Sie eine Meditation, um mit Ihrem ursprünglichen Seelenanteil Kontakt aufzunehmen. Es empfiehlt sich jedoch, mit der Meditation zum Seelenraum auf Seite 53 zu beginnen.

Es gibt natürlich auch menschliche Seelen, die weit entwickelt sind und dadurch den Zugang zu ihren vergangenen Erfahrungen leicht wiederherstellen können. Dies ist im Kapitel „Das Alter der Seele" auf

Seite 72 f. für die reifen, transpersonalen und transliminalen Seelen beschrieben. Menschenseelen geraten nicht in den inneren Konflikt zwischen einem weitentwickelten und einem jüngeren Seelenanteil, weil ihre Seele vollständig menschlich ist und nicht aus zwei Seelenanteilen besteht.

Nicht alle Seelen, die sich auf der Erde befinden, müssen sich entwickeln. Auch hochentwickelte Lehrer, die ihre Entwicklung auf dem Erdenweg bereits abgeschlossen haben, inkarnieren. Hierzu gehören zum Beispiel die Wesen, die im Buddhismus *Bodhisattvas* genannt werden. Bodhisattvas sind Wesen, die nach ihrer Erleuchtung, nachdem sie den Kreislauf der Wiedergeburten abgeschlossen haben, nicht ins Nirvana eingehen, sondern stattdessen allen anderen Wesen helfen, sich ebenfalls aus dem Kreislauf der Existenzen *(Samsara)* zu befreien. Varda Hasselmann bezeichnet die Wesen, die ihren irdischen Entwicklungsweg abgeschlossen haben und dennoch im menschlichen Körper inkarnieren, als transpersonale und transliminale Seelen.

• • •

Meditation Begegnung mit der Ursprungsseele

Für einen Moment beobachte deinen Atem und erlaube, dass sich mit deinem Atem Ruhe und Entspannung vertiefen und dein Blick sich mehr und mehr in deine innere Welt richtet. Dann erscheint vor dir die Treppe, die dich in deinen Seelenraum führt. Du folgst der Treppe und jede Stufe bringt dich näher zu deinem Seelenraum. Nachdem du den Seelenraum betreten hast, schaust du dich um. Wie sieht dein Seelenraum heute aus? Wie fühlst du dich hier?

Nachdem du dich im Seelenraum umgeschaut hast, betritt dein Seelenbegleiter wieder den Raum. Er begrüßt dich und zeigt dann auf einen Platz im Raum, an dem ein ganz besonderes Licht herrscht. Als er dich zu diesem Licht führt, erklärt er, dass dies das Licht deiner Ursprungsseele ist. Je näher du dem Licht kommst, desto deutlicher kannst du seine Ausstrahlung und seine Kraft spüren. Du kannst dich dem Licht so weit nähern, wie es dir richtig erscheint.

In der Nähe des Lichtes wirst du von der Kraft und Energie deiner Ursprungsseele umgeben. Liebevoll und sanft erfüllt sie dein Energiesystem und deinen Körper und erweckt dadurch auch dein wahres Wesen. Solange du möchtest, kannst du nun im Licht der Ursprungsseele verweilen.

Dann berührt dein Seelenbegleiter dich und führt dich zurück an den Platz im Seelenraum, an dem du vorher gestanden hast. Falls du Fragen hast, kannst du sie nun deinem Seelenbegleiter stellen.

Nun ist es Zeit, diesen Raum wieder zu verlassen. So begibst du dich zur Treppe und folgst ihr zurück in das Hier und Jetzt, machst einige tiefe Atemzüge, beginnst dich zu bewegen und beendest die Meditation mit den Worten „Wach sein".

• • •

Inkarnierte Engelseelen

Engel sind Wesen der Liebe. Sie kommen aus der Liebe und dienen, um die Schöpfung und die Ordnung in der Schöpfung zu erhalten. Eine ihrer Aufgaben ist, die Erde und die Menschen zu unterstützen und sie in ihrer Entwicklung zu fördern. Um diese Aufgabe zu erfüllen, inkarnieren sie auch als Mensch.

Meiner Wahrnehmung nach sind in der heutigen Zeit im westlichen Kulturkreis viele Engelseelen inkarniert. Ich nehme an, dass dies mit der Zeitenwende und dem Wandel der Erde zu tun hat. Oft treffe ich in Seminaren und Vorträgen Menschen, die mir wie inkarnierte Engel erscheinen. Diese Menschen haben ähnliche Erfahrungen, sie fühlen sich mit den Engeln verbunden oder haben eine besondere Beziehung zu ihnen. Viele sehen Engel, sammeln Engelfiguren, lesen zahlreiche Engelbücher und vertrauen Engeln mehr als anderen geistigen Wesen, wie zum Beispiel Krafttieren. Es fällt ihnen leicht, Kontakt zu Engeln aufzunehmen. Sie sind ihnen vertraut.

Engelseelen stehen meist schon als Kind mit Engeln in Kontakt, sehen sie und werden von ihnen begleitet. Doch im Laufe der Entwicklung verschwindet dies, oft durch ein schockierendes Erlebnis. Eine Frau erzählte mir: „Bis zu meinem fünften Lebensjahr habe ich Engel gesehen und mit ihnen gesprochen. Bis dahin hat meine Mutter das widerwillig toleriert. Doch als ich dann wieder einmal erfreut ausrief: ‚Mama, da steht ein Engel‘, wurde sie böse, schimpfte, dass ich mir das alles nur einbilde, dass es Engel nicht gebe und dass ich jetzt zu alt sei, um an solchen Unsinn zu glauben. Ich solle sofort damit aufhören. Ich war so geschockt, dass ich ab diesem Zeitpunkt keine Engel mehr sah. Das musste ich später erst wieder erlernen."

Da Engel ätherische hochschwingende Wesen sind, haben inkarnierte Engelseelen eher einen Zugang zu feinstofflicher Energie und zu feinstofflichen Techniken als zu irdisch-materiellen Energiestrukturen, wie sie zum Beispiel Schamanen verwenden. Sie fühlen sich mehr zur Kraft der Engel als zu Schamanen hingezogen. Räume reinigen sie lieber mit feinstofflichen Energien, wie dem Licht von Erzengel Michael, oder feinstofflichen Reinigungsessenzen als mit Salbei und anderem Räucherwerk.

Inkarnierte Engel fühlen sich oft fremd auf der Erde und fremd unter den Menschen. Sie spüren eine Sehnsucht nach Hause und dieses Zuhause ist nicht auf der Erde. Doch sie können auch nicht sagen, wo sich dieses Zuhause befindet. Die Antwort ist oft „im Himmel". So wollen viele Engelseelen wieder weg von der Erde. Manche denken deshalb häufig an den Tod oder wollen ihr Leben beenden, weil das Leben ihnen mühsam erscheint und sie wieder zurückwollen in die Leichtigkeit des Engelreiches. Damit stehen sie im inneren Konflikt, denn sie wissen, dass sie eine Aufgabe übernommen haben, die sie auch erfüllen wollen.

Manche Engelseelen haben den Eindruck, dass sie Flügel tragen. Bei vielen entwickeln diese sich erst im Laufe der Zeit, wenn der Engelanteil stärker wird. Wenn sich die Flügel entfalten, haben manche sogar Schulterschmerzen oder ein Spannungsgefühl in der Schulter. Hellsichtige können die Flügel sogar sehen, die natürlich nicht grobstofflich sind, sondern ein feinstoffliches Gebilde oder ein bildlicher Ausdruck der Seele.

Da Engelseelen aus der Liebe kommen, werden sie mit dem Wunsch geboren, Liebe in die Welt zu bringen. Dies führt meist zu einem Schock, denn sie stellen fest, dass diese Liebe nicht gewollt und nicht angenommen wird. Sie werden ausgelacht, gehänselt, belächelt, für naiv und schwächlich gehalten, abgelehnt. Mit ihrer liebevollen, fröhlichen Art erfahren sie viele Nachteile. Dadurch zieht sich der Engelanteil in ihnen immer mehr zurück und der menschliche Anteil tritt in den Vordergrund. So kann einerseits der Engelanteil erhalten werden, ohne vollkommen zu resignieren oder zu verschwinden; andererseits lernen die Menschen mit Engelseelen die irdisch-menschlichen Strukturen. Dies ist eine entscheidende Voraussetzung, um in der Welt zu wirken. Würden inkarnierte Engel in Liebe und Leichtigkeit bleiben, könnten sie die Trauer, die Resignation, das Festhängen in Gefühlen nicht verstehen und auch nicht den Weg aufzeigen, wie man trotz dieser Erfahrungen wieder zu Freude und Frieden zurückkehrt.

Engelseelen sind oft entsetzt über die Gewalt und den Hass, der zwischen Menschen herrschen kann. Sie sind schockiert von Krieg und Zerstörung und können nicht verstehen, wieso Menschen zu so etwas fähig sind. Ebenso geht es ihnen mit der Zerstörung der Natur, denn zu ihren Aufgaben gehört ja, die Schöpfung zu erhalten.

Da Engel hierarchisch organisiert sind, haben Engelseelen oft ein Problem mit dem Thema Gehorsam. Auf der einen Seite tragen sie den Satz in sich „Ich will dienen" und neigen deshalb dazu, sich unterzuordnen, die Meinung anderer Menschen über ihre eigene Wahrheit zu stellen, sich zurückzunehmen oder sich in die zweite Reihe zu stellen. Andererseits rebellieren sie gegen hierarchische Strukturen im irdischen System, wenn diese nicht von Liebe und Wahrheit getragen werden.

Ein weiteres Problem, das inkarnierte Engel bewältigen müssen, ist ihre Neigung, in Richtig und Falsch einzuordnen. Der Ursprung für diese Neigung ist ihre Aufgabe, die Ordnung zu erhalten. Damit die Ordnung erhalten werden kann, muss es eine Entscheidungsgrundlage geben, was zur Ordnung gehört und was der Ordnung nicht dient. Für viele Engel wird dies zur Frage: was ist richtig und was ist falsch. Sie neigen dazu, in Konzepten zu denken, an Konzepten festzuhalten und für die Lösung von Problemen im Voraus schon ein Konzept zu erstellen, an das sie sich halten können. Eine Frau fragte mich: „Ich habe einen Konflikt mit den Kindern der Nachbarin. Sie reißen meinen Blumen die Köpfe ab, und obwohl ich es ihnen nun schon mehrmals freundlich gesagt habe und auch ihre Mutter angesprochen habe, tun sie es weiterhin. Was soll ich machen? Soll ich es akzeptieren, weil ich sonst nicht tolerant bin? Oder soll ich ihnen grundsätzlich verbieten, meinen Raum zu betreten? Das will ich eigentlich auch nicht, denn ich mag die Kinder und spiele oft mit ihnen. Was soll ich tun?" Mein Vorschlag, der Situation entsprechend zu reagieren und verschiedene Möglichkeiten auszuprobieren, gefiel ihr nicht. Sie wollte ein funktionierendes Konzept, eine Struktur, ein Rezept, das immer passt.

Auch die hierarchische Organisationsstruktur der Engel verstärkt den Wunsch nach vorgegebenen Konzepten, nach einer richtigen Anleitung fürs Leben. In hierarchischen Strukturen werden wie in einer Firma Anweisungen gegeben, die befolgt oder umgesetzt werden müssen.

Auch ich habe lange Situationen und Ereignisse in Richtig und Falsch eingeordnet. Irgendwann wurde mir das bewusst, und dann konnte ich auch erkennen, dass ich damit nicht nur innerlich angespannt war, da ich ständig die *richtige* Entscheidung treffen musste. Auch im Außen führte dies zu einem Konflikt: Wenn ich es richtig mache, handeln die anderen falsch. Wenn ich überzeugt bin, dass mein Glaube richtig ist, dann glauben alle anderen Menschen, die nicht mit meiner Sicht übereinstimmen, an etwas Falsches. Im Extrem ist dies die Grundlage für Fanatismus und Glaubenskriege.

Mir wurde auch bewusst, dass ich viele Situationen oder Denkmodelle nicht einfach als falsch ablehnen kann, nur weil sie sich von meiner Sicht unterscheiden. So hörte ich auf, nach Richtig und Falsch einzuteilen, und stelle stattdessen die Fragen: Dient es der Schöpfung, der Liebe, meiner Entwicklung? Passt es? Bringt es weiter? Die Methode, die unterschiedlichen Herangehensweisen und Erklärungsweisen als Modelle zu sehen, ist eine Folge der neuen Fragen.

Oft inkarnieren Engelseelen, um die Liebe, die Leichtigkeit, das kindliche Staunen und die Erinnerung an das Göttliche wieder zu den Menschen zu bringen. Sie wollen die Liebe und den göttlichen Funken, der in jedem Menschen ist, berühren und wecken. Sie wollen, dass Menschen sich wieder an ihr wahres Wesen erinnern und im Einklang mit der Schöpfung und dem Göttlichen leben. Sie wollen Menschen unterstützen, das Göttliche in sich zu entfalten und sich wieder an die Liebe und die Schönheit der Schöpfung zu erinnern.

Auch für Engelseelen gilt das Modell der Altersstufen, das auf Seite 70 beschrieben ist. Engelseelen, die das erste Mal auf der Erde inkarnieren, fühlen sich fremd auf der Erde und kommen nur schwer mit den irdischen Strukturen zurecht. Sie glauben an Wunder und dass alles leicht geht, ohne dass sie sich anstrengen müssen, denn das sind sie aus dem Engelreich gewöhnt. Sie sehen immer das Gute und werden von anderen als realitätsfremd und abgehoben kritisiert. Engel, die wenige irdische Inkarnationen haben, besitzen eine ätherisch feine Ausstrahlung und sind wenig geerdet. Sie wirken fein, schwebend, als wären sie „fehl am Platz" und weltfremd – wie Urlauber in einem fremden Land, in dem sie sich nicht auskennen, dessen Sprache sie nicht verstehen und dessen ungewöhnliche Kultur sie nicht begreifen. Sie sind voll idealistischer Vorstellungen, handeln so, als ginge alles leicht und von selbst (schließlich kommen sie ja aus der Welt der Wunder), und sind immer wieder überrascht, wie zäh die Materie ist, wie lange die Umsetzung der Visionen dauert und welche Schwierigkeiten auftauchen. Sie benutzen Begriffe wie Leichtigkeit, voller Freude, mühelos, einfach. Inkarnierte Engel haben die Tendenz, sich zu verausgaben, über körperliche Grenzen hinwegzugehen und es erst zu merken, wenn sie zusammenbrechen.

Inkarnierte Engel träumen von einer besseren Welt voller Liebe und sind davon überzeugt, dass diese Erde zu einem solchen Planeten werden kann.

Wenn Engelseelen schon mehrfach inkarniert haben, kommen sie besser mit den irdischen Strukturen zurecht. Dadurch können sie auch kraftvoller wirken. Da Engel oft mit herausfordernden Aufgaben inkarnieren, haben ältere Engelseelen häufig die Erfahrung gemacht, wegen ihrer Aufgabe verlacht, ausgestoßen und umgebracht zu werden. Das bringen sie dann als Blockade oder Trauma mit und müssen dies erst lösen, bevor sie in der jetzigen Inkarnation ihre Kraft entfalten können. Immer schwingt die Angst mit, wegen ihres Andersseins, für ihre Vision oder ihre Aufgabe umgebracht zu werden. Ich hatte viele Jahre das Bild, dass ich oben auf einem Berg stehe, zu Menschen rede und dann geköpft werde. Dies hielt mich davon ab, mich zu zeigen und nach außen zu wirken. Ich war lieber klein und unscheinbar.

Den Konflikt zwischen dem menschlichen und dem nicht-menschlichen Anteil konnte ich lösen, indem ich den Engelanteil immer wieder gebeten habe, mehr Raum einzunehmen, kraftvoller zu werden, den menschlichen Anteil einzuhüllen und dadurch eine neue Harmonie und ein neues Miteinander herzustellen. Beide Anteile werden gebraucht, um kraftvoll zu wirken. Dieses Miteinander muss sich jedoch erst entwickeln und das braucht Zeit.

6.
Helfer der Seele

Es gibt zahlreiche geistige Wesen im Universum. Einige stehen uns zur Seite, um uns auf unserem Weg zu begleiten, zu unterstützen und zu lehren. Diese helfenden Wesen werden in vielen Kulturen beschrieben. Zu ihnen gehören die Engel und die Aufgestiegenen Meister. Im christlichen Bereich sind es die Heiligen, die man um Hilfe anrufen kann. Neben den Wesen, die für viele Menschen zuständig sind, wie die Engel, gibt es auch individuelle Begleiter. Dazu gehören der Schutzengel, geistige Lehrer und der Seelenbegleiter. Diese individuellen Begleiter unterstützen uns, die Hinweise der Seele zu verstehen und umzusetzen. Doch auch die Seele kann mit Hilfe dieser Wesen ihre Botschaften und Impulse deutlich machen und uns führen.

Manche Menschen fürchten, dass unangenehme oder zerstörerische Wesen erscheinen, wenn sie geistige Wesen um Hilfe bitten. Wenn wir uns klar ausrichten auf Wesen, die aus der Liebe heraus und im Einklang mit dem Schöpfer unterstützen, passiert das meiner Erfahrung nach nicht. Wenn wir nur diese geistigen Kräfte einladen, dürfen keine anderen Wesen erscheinen, denn die Wesen des Universums müssen unseren freien Willen respektieren. Wenn ich mich unsicher fühle oder nicht weiß, ob die Kräfte, die erscheinen, wirklich aus der liebevollen Ebene stammen, dann bitte ich den Erzengel Michael um Klärung. Falls das Wesen schädigende Absichten hat, wird der Erzengel mich schützen und das Wesen entfernen. Statt des Erzengels können auch andere kraftvolle Wesen mit dieser Aufgabe betraut werden. Wir können die Wesen um Unterstützung bitten, denen wir vertrauen, wie den Schutzengel, den Seelenbegleiter oder Christus. Da die Wesenheiten zusammenwirken, kann es sein, dass auch mehrere Wesen Sie schützend begleiten, obwohl Sie nur ein Wesen gerufen haben.

Seelenbegleiter

Direkt nach ihrer Erschaffung erhält die Seele einen Begleiter, der ihr während der Reise durch die Welt der Formen zur Seite steht. Er ist ein Lehrer, der berät und unterstützt, der aus der Kraft der Weisheit und aus dem Überblick wirkt. Der Seelenbegleiter bleibt mit dem Göttlichen vereint, so dass er uns immer wieder mit der höchsten Wahrheit verbinden kann.

Von der Erschaffung bis zur Rückkehr ins Einssein begleitet der Seelenbegleiter die Seele durch die Inkarnationen und während der Zeit zwischen den Inkarnationen. Vor allem in der Zeit zwischen den Leben steht er mit uns in Kontakt. Mit ihm besprechen und überarbeiten wir das vergangene Leben, mit ihm planen wir das zukünftige, und mit ihm entscheiden wir, welche Gaben, Fähigkeiten und Erinnerungen wir für das bevorstehende Leben mitnehmen. Mit dem Seelenbegleiter suchen wir die Familie und die Umstände, in die wir hineingeboren werden. Der Seelenbegleiter verbindet uns auch mit den geistigen Lehrern und den Mitgliedern der Seelenfamilie, die uns in der bevorstehenden Inkarnation begegnen und unterstützen. Er ist wie ein individueller Lehrer oder Coach, der uns sehr verbunden ist, der unser Bestes will, der uns liebevoll unterstützt und der einen größeren Zusammenhang überblickt. Mit seiner Hilfe können wir Situationen, Beziehungen und Erfahrungen aus einer anderen Perspektive sehen und verstehen. So wie das Höhere Selbst kennt auch er alle Bücher unserer Seelenbibliothek, ihre Inhalte, den übergeordneten Plan, und er hat Zugang zur großen Bibliothek der Akasha-Chronik und anderen Chroniken.

Anders als der Schutzengel wirkt der Seelenbegleiter nicht im alltäglichen Leben. Er ist zwar ständig präsent, doch er greift nur selten in unser Leben ein. Seine Aufgabe ist es, die Verbindung zwischen der Seele und dem Ego zu bewahren und gleichzeitig auch die Verbindung zum Göttlichen zu ermöglichen. Wenn die Diskrepanz zu groß wird, verstärkt er die Impulse, die die Seele in unser Leben schickt. In schwierigen Phasen erscheint er manchmal in den Träumen und tröstet oder stärkt uns, so dass wir mit neuer Kraft und in innerem Frieden aufwachen. Wenn wir bewusst mit der Seele oder dem Seelenbegleiter Kontakt aufnehmen, ist er auch im Leben präsenter und wirkt intensiver. Dann erhalten wir auch von ihm Botschaften und Hinweise, er öffnet den Zugang zur Bibliothek der Lebensbücher und erläutert die verschiedenen Möglichkeiten, die uns zur Verfügung stehen.

Genauso wie man in der Meditation mit dem Schutzengel oder anderen geistigen Wesen Kontakt aufnimmt, kann man auch dem eigenen Seelenbegleiter begegnen. Die Gestalt, die der Seelenbegleiter annimmt, wenn er uns in Meditationen erscheint, ist unterschiedlich. Manche Menschen erleben ihn als Engel, bei anderen hat er eine menschliche Form oder eine Lichtgestalt. Er kann auch in nichtmenschlicher Gestalt erscheinen, als Krafttier oder als Drache.

Im Seminar habe ich erlebt, dass der Seelenbegleiter seine Gestalt verändern kann, auch wenn es immer das gleiche Wesen ist. In der ersten Meditation hatte der Seelenbegleiter einer Teilnehmerin eine menschliche Gestalt und er sah genauso aus wie die Seminarteilnehmerin selbst. In den weiteren Meditationen erschien er als Engel.

Über seine Gestalt kann der Seelenbegleiter einen Aspekt seines Wesens ausdrücken und damit eine Botschaft schicken. Eine Teilnehmerin sah den Seelenbegleiter in Form eines muskulösen, kräftigen Mannes mit grauen Haaren und langem Bart. „Wie ein Kleiderschrank", waren ihre Worte. „Er ist genau das, wonach ich mich immer gesehnt habe, ein Begleiter, dem ich vertrauen kann, der stark genug ist, um mir den Rücken zu stärken und mich zu schützen, der weise ist, an den ich mich anlehnen kann. Er ist die Kraft, mit der ich entspannt leben kann." Mit diesem Bild des Seelenbegleiters konnte sie im Leben gelassener bleiben. Wenn der Seelenbegleiter in einer Gestalt erscheint, die uns gleicht, kann seine Botschaft lauten, dass es keine Trennung zwischen ihm und uns gibt, dass er ein Aspekt der eigenen Seele ist.

• • •

Meditation Begegnung mit dem Seelenbegleiter

Diese Meditation intensiviert den Kontakt zum Seelenbegleiter. Je häufiger sie durchgeführt wird, desto leichter kann man mit dem Seelenbegleiter in Kontakt kommen. Das gelingt dann auch in schwierigen Situationen, wenn Emotionen die klare Sicht verhindern. Diese Meditation kann man auch immer wieder zwischendurch machen, zum Beispiel wenn man am Schreibtisch sitzt oder irgendwo wartet. Diese Meditation finden Sie auch auf der *CD Seelenraum – Zugang zur Seele und zu geistigen Helfern* (Windpferd-Verlag).

Es ist möglich, dass der Seelenbegleiter nicht sofort sichtbar ist, wenn man mit dieser Meditation beginnt. Der Kontakt wird trotzdem hergestellt und verstärkt, auch wenn man im Seelenraum nichts sieht, spürt oder hört. Der Seelenbegleiter meldet sich, wenn die Zeit reif ist.

Für einen Moment beobachte deinen Atem und erlaube, dass sich mit deinem Atem Ruhe und Entspannung vertiefen und dein Blick sich mehr und mehr in deine innere Welt richtet. Dann erscheint vor dir die Treppe, die dich in deinen Seelenraum führt. Du folgst der Treppe und jede Stufe bringt dich näher zu deinem Seelenraum. Nachdem du den Seelenraum betreten hast, schaust du dich um. Wie sieht dein Seelenraum heute aus? Wie fühlst du dich hier?

Nachdem du dich im Seelenraum umgeschaut hast, betritt dein Seelenbegleiter den Raum und kommt zu dir. Deutlich kannst

*du ihn erkennen, seine Gestalt und seine Ausstrahlung von Nähe,
Wärme und Weisheit, die du fast körperlich spürst. Es kann sein,
dass dieses Wesen wie ein Mensch aussieht oder wie ein Engel oder
eine ganz andere Gestalt besitzt. Ganz gleich, welche Gestalt dieses
Wesen hat, seine Züge sind dir so vertraut, dass du weißt, Worte sind
zwischen euch nicht nötig. Du weißt, dass diese Wesenheit dich seit
Anbeginn deiner Zeit begleitet. Seit der Erschaffung deiner Seele
ist sie an deiner Seite, kennt, führt und berät dich und unterstützt
dich auf die beste Weise. Du nimmst wahr, dass euch ein besonderes
Band verbindet, ein Band von Vertrautheit, Geborgenheit, Wert-
schätzung und Liebe, ein Band von Zusammengehörigkeit jenseits
aller Grenzen. Während sich die Erinnerung und die Verbindung
zu deinem Seelenbegleiter intensiviert, streckt er seine Hand aus,
um dich zu berühren. Er legt seine Hand auf eine Körperstelle und
aktiviert und stärkt dadurch dein inneres Seelenlicht. Mit seiner
Berührung stärkt der Seelenbegleiter den Teil deiner Seele, der sich
in deinem Körper befindet und der deinen Lebensplan kennt. Er
stärkt den Seelenfunken in deinem Körper, der alle Fähigkeiten,
Gaben und Qualitäten besitzt, die für dieses Leben wichtig sind,
und der verbunden ist mit der universellen Wahrheit. Und es ist
möglich, dass sich durch die Berührung des Seelenbegleiters dein
Seelenlicht stärkt und ausdehnt und deinen Körper mehr und
mehr erfüllt.*

*Falls du eine Frage an deinen Seelenbegleiter hast, kannst du sie
nun stellen, und du wirst die Antwort auf deine eigene Weise erhalten, jetzt oder später.*

*Falls dein Seelenbegleiter eine Botschaft für dich hat, erhältst du
sie jetzt.*

*Nun ist es Zeit, diesen Raum wieder zu verlassen. Und du weißt,
du kannst jederzeit hierher zurückkehren, deinem Seelenbegleiter
begegnen und den Kontakt zwischen euch verstärken. Wenn du
möchtest, kannst du dich bei deinem Seelenbegleiter bedanken.*

Dann verlässt du den Seelenraum, begibst dich zur Treppe und folgst ihr zurück in das Hier und Jetzt. Nimm einige tiefe Atemzüge und beginne dich zu bewegen. Beende die Meditation mit den Worten „Wach sein".

• • •

Schutzengel

Jeder Mensch wird begleitet von einem Schutzengel, der ihm während seines gesamten Lebens zur Seite steht. Der Schutzengel ist der persönliche Begleiter und Beschützer des Menschen. Wie alle Engel ist auch der Schutzengel sehr kraftvoll. Er ist Schutz, Hilfe, Begleitung im Alltag und in schwierigen Situationen. Er unterstützt uns bei den Aufgaben und den Lernschritten.

Anders als die anderen Engel darf der Schutzengel in unser Leben eingreifen, ohne dass wir ihn darum bitten. Wäre das nicht so, dann könnte er in lebensbedrohlichen Situationen nicht helfen, falls wir ihn nicht rufen. Auch würde er den Menschen fehlen, die nicht an ihn glauben oder nicht wissen, dass man ihn einladen muss, damit er wirkt.

Wenn wir den Schutzengel nicht bewusst in unser Leben einbeziehen, beschränkt sich sein Eingreifen auf eine Minimalleistung, wie das Leben erhalten, solange es vorgesehen ist, und Schutz vor Unfällen, die nicht im Lebensplan stehen.

Der Schutzengel steht uns auch zur Seite, wenn wir zweifeln oder ihn nicht wahrnehmen. Wenn wir ihn bewusst einladen und ihn um Hilfe bitten, darf er kraftvoller wirken. Allerdings ist sein Eingreifen nur erlaubt, wenn es mit dem Seelenplan in Einklang steht. Dann unterstützt uns der Schutzengel, indem er Einsichten und heilende Impulse schickt. Er schafft Begegnungen und Situationen, die das Leben leichter machen. Er hilft, Erfahrungen zu machen, Erkenntnisse zu erlangen und den Seelenplan umzusetzen.

Die Unterstützung des Schutzengels ist oft nicht als solche zu erkennen, da er gerne über kleine Begegnungen oder unscheinbare Ereignisse wirkt, die langfristig große Wirkungen haben. In vielen Fällen stabilisiert der Schutzengel unseren emotionalen Zustand und hilft, Hintergründe zu erkennen und Einsichten zu bekommen, die uns vorher nicht möglich waren.

Viele wissen nicht, dass der Schutzengel auch unterstützt, den eigenen Lebensplan zu erfüllen. Da er als einziger Engel in unser Leben eingreifen darf, ohne dass wir ihn darum bitten, kann er diese Aufgabe besonders gut ausführen. Er steht in Verbindung mit unserer Seele, dem Seelenbegleiter und auch mit den geistigen Begleitern, Lehrern, den Mitgliedern der Seelenfamilie, die uns in diesem Leben unterstützen, und mit den Schutzengeln anderer Menschen. So hat er vielfältige Möglichkeiten, Situationen oder Begegnungen zu schaffen.

Das Hauptaugenmerk des Schutzengels liegt auf unserer Entwicklung. Daher kommt es vor, dass er Unfälle geschehen lässt, weil genau das den nächsten Wachstumsschritt ermöglicht oder weil wir genau diese Erfahrung brauchen.

Mit der Hilfe des Schutzengels kann unser Leben angenehmer werden: Wir können schneller erkennen, bekommen mehr Kraft und Klarheit, fühlen uns geborgen oder getröstet, sind emotional stabiler oder befreit von Ängsten und Niedergeschlagenheit, werden ruhiger und zuversichtlich, Umstände verbessern sich zu unseren Gunsten. Je häufiger wir unsere Aufmerksamkeit auf ihn richten, desto vertrauter werden seine Anwesenheit und seine Hilfe. Wir werden offener für seine heilende Kraft und können heil werden.

An wen wende ich mich?

Sowohl der Schutzengel als auch der Seelenbegleiter unterstützen uns, mit der Seele und dem Seelenplan in Verbindung zu kommen. Daher taucht manchmal die Frage auf, an wen ich mich denn jetzt wenden soll. Manche Menschen versuchen, dafür ein Schema zu finden, und wollen dem Schutzengel und dem Seelenbegleiter fest definierte Bereiche und Situationen zuordnen, für die sie zuständig sind.

Da die geistigen Wesen miteinander wirken, ist es ratsam, sich an die Wesenheit zu wenden, zu der man das größte Vertrauen hat oder von der man meint, dass sie für diese Aufgabe geeignet ist. Man kann auch dem inneren Impuls, der Intuition folgen. Falls das Wesen, das man bittet, nicht zuständig sein sollte, wenn wir zum Beispiel den Erzengel Michael um Heilung bitten, obwohl der Erzengel Raphael dafür zuständig ist, dann gibt das Wesen die Aufgabe an den dafür Zuständigen weiter. Das geschieht, ohne dass wir es bemerken. Schon oft habe ich erlebt, dass wir auf die Hilfe der geistigen Wesen vertrauen können, dass die geistige Welt uns unterstützt, selbst wenn wir den Falschen bitten oder unsere Bitte falsch formulieren.

Wenn ich eine Frage oder eine Bitte habe, gehe ich in den Seelenraum und schaue, welches Wesen kommt, um mich zu unterstützen. So brauche ich mir keine Gedanken zu machen, wer mich auf die beste Weise unterstützt.

• • •

MEDITATION KONTAKT ZUM SCHUTZENGEL

Für einen Moment beobachte deinen Atem und erlaube, dass sich mit deinem Atem Ruhe und Entspannung vertiefen und dein Blick sich mehr und mehr in deine innere Welt richtet. Dann erscheint vor dir die Treppe, die dich in deinen Seelenraum führt. Du folgst der Treppe und jede Stufe bringt dich näher zu deinem Seelenraum. Nachdem du den Seelenraum betreten hast, schaust du dich um. Wie sieht dein Seelenraum heute aus? Wie fühlst du dich hier?

Nachdem du dich im Seelenraum umgeschaut hast, betritt dein Schutzengel den Raum und du spürst, wie vertraut er dir ist, auch wenn du ihn vielleicht noch nie in dieser Weise wahrgenommen hast. Er begrüßt dich, tritt zu dir und umgibt dich mit seiner liebevollen, schützenden Ausstrahlung, die dich gleichzeitig auch harmonisiert und stabilisiert.

Du weißt, der Schutzengel kennt dich, kennt dein gesamtes Leben, alle Ereignisse, Gedanken, Gefühle, Wünsche, und er kennt deinen Lebensplan, deine Aufgabe, das, was du in deinem Leben erfahren willst. Du weißt auch, dass ihr miteinander verbunden seid und dass dein Schutzengel voller Liebe und Mitgefühl an deiner Seite ist, auch wenn du ihn nicht wahrnimmst.

Während du deinen Schutzengel immer deutlicher wahrnimmst, spürst du vielleicht auch, wie sich die Verbindung zwischen euch verstärkt.

Dann umgibt der Schutzengel dich mit einer besonderen Energie. Diese Kraft löst Blockaden, die es dir bisher erschwert haben, deinen Schutzengel zu bemerken, seine Präsenz zu spüren, seine Hinweise zu hören. Und du kannst wahrnehmen, wie sich diese Blockaden auflösen und was dadurch in dir geschieht.

Auf deine eigene Weise kannst du nun erfahren, was dein Schutzengel dir mitteilen will, vielleicht etwas, was im Moment für dich wichtig ist.

Es kann sein, dass die Botschaft nicht aus Worten besteht, sondern dass es Bilder sind oder ein Gefühl, ja es kann sogar ein inneres Wissen sein.

Vielleicht teilt der Schutzengel dir auch mit, wie es dir künftig leichter fallen wird, mit ihm Kontakt aufzunehmen und seine Hinweise zu verstehen.

Nun ist es Zeit, diesen Raum wieder zu verlassen. Und du weißt, dass durch diese Begegnung mit dem Schutzengel die Verbindung zwischen euch gestärkt wurde. Dieses Wissen gibt dir Vertrauen, genauso wie das Wissen, dass dein Schutzengel dir immer zur Seite steht, auch im Alltag. Auf deine Weise kannst du dem Schutzengel dafür danken.

So begibst du dich zur Treppe und folgst ihr zurück in das Hier und Jetzt, machst einige tiefe Atemzüge, beginnst dich zu bewegen und beendest die Meditation mit den Worten „Wach sein".

• • •

Die Meditation zum Schutzengel befindet sich auch auf der CD *SchutzengelBegegnung* (Windpferd Verlag). In der Meditation der CD besteht auch die Möglichkeit, eine Situation genauer zu betrachten, sie zu verstehen und sie mit der Hilfe des Schutzengels zu lösen.

Der innere Heiler

Bei den meisten Menschen ist der innere Heiler kein eigenständiges Wesen, sondern ein Aspekt von uns selbst. Er ist die Kraft in uns, die uns mit den heilenden Kräften des Körpers und auch mit heilenden kosmischen Energien verbindet. Die Kraft des inneren Heilers hält den Körper gesund oder lässt ihn wieder gesund werden, wenn es im Seelenplan vorgesehen ist. Denn auch der innere Heiler wirkt im Einklang mit dem Plan unserer Seele.

Der innere Heiler ist nicht nur für den physischen Körper zuständig, er kann auch im emotionalen und mentalen Bereich die Ordnung wiederherstellen. Wenn wir ihm in Meditationen begegnen, können wir Hinweise zur Erkrankung und zur Gesundheit erhalten. Über eine solche Begegnung können wir auch die Selbstheilungskräfte des Körpers aktivieren und stärken.

Auch der innere Heiler erscheint in einer Gestalt, zu der wir Vertrauen haben. So kann er eine männliche oder weibliche Gestalt annehmen, er kann als Engel oder Aufgestiegener Meister erscheinen, als Schamane, in Mönchskutte oder als Lichtgestalt ohne Form.

Ich habe auch erlebt, dass seine Form wechselt, dass er in der einen Meditation eine Heilerin ist, in der folgenden ein Engel. Trotzdem ist es die gleiche innere Kraft. Sie erscheint nur in anderer Form, denn auch durch die Gestalt des Heilers erhalten wir eine Botschaft, einen Hinweis.

• • •

MEDITATION ZUM INNEREN HEILER

Für einen Moment beobachte deinen Atem und erlaube, dass sich mit deinem Atem Ruhe und Entspannung vertiefen und dein Blick sich mehr und mehr in deine innere Welt richtet. Dann erscheint vor dir die Treppe, die dich in deinen Seelenraum führt. Du folgst der Treppe und jede Stufe bringt dich näher zu deinem Seelenraum. Nachdem du den Seelenraum betreten hast, schaust du dich um. Wie sieht dein Seelenraum heute aus? Wie fühlst du dich hier?

Nachdem du dich im Seelenraum umgeschaut hast, betritt dein innerer Heiler oder deine innere Heilerin den Raum. Je näher er oder sie dir kommt, desto deutlicher spürst du die liebevolle Ausstrahlung von Heilung. Als er dich begrüßt hat, lädt dein innerer Heiler dich ein, es dir an einem Platz im Raum bequem zu machen, denn er möchte deinen Körper und dein Energiesystem harmonisieren. Als du es dir an dem Platz bequem machst, bemerkst du, dass der Platz genau auf dich abgestimmt ist. Nun beginnt der Heiler, deinen Körper und deine feinstofflichen Strukturen zu reinigen, zu ordnen und zu heilen. Deutlich nimmst du wahr, wie die kraftvolle Energie des Heilers dich erfüllt und in dir wirkt.

Falls es einen Körperbereich oder eine Körperstelle gibt, die besonders Heilung braucht, dann legt der Heiler seine Hand jetzt dorthin.

Der Heiler stabilisiert nun auch einen guten emotionalen Zustand, deinen inneren Frieden und das Akzeptieren.

Zum Abschluss füllt der Heiler dein gesamtes Körper-Energiesystem mit einer stabilisierenden und ausgleichenden Kraft. Wenn du möchtest, kannst du dich nun bei deinem Heiler bedanken.

Nun ist es Zeit, diesen Raum wieder zu verlassen. So begibst du dich zur Treppe und folgst ihr zurück in das Hier und Jetzt, machst einige tiefe Atemzüge, beginnst dich zu bewegen und beendest die Meditation mit den Worten „Wach sein".

• • •

Geistige Lehrer

So wie uns im irdischen Leben Lehrer zur Seite stehen und uns unterrichten, so gibt es sie auch im geistigen Bereich. Geistige Lehrer sind Wesenheiten, die Kenntnisse und Fähigkeiten in einem speziellen Bereich oder für eine bestimmte Aufgabe besitzen. Es gibt Lehrer für Heilung, Wissenschaft, Technik, Führung, Entwicklung von intuitiven Fähigkeiten, für das Zusammenwirken mit geistigen Kräften, für die spirituelle Entwicklung, für spezielle Techniken wie Energiearbeit oder Tantra, um nur einige zu nennen. Es gibt geistige schamanische, indianische und druidische Lehrer. Lehrer können Engel und Erzengel, Aufgestiegene Meister, Heilige, aber auch Mitglieder der Seelenfamilie oder Seelenfreunde sein. Auch die Seelen von Verstorbenen können sich als Lehrer zur Verfügung stellen. Es ist möglich, dass Mozart, falls es seine Seelenaufgabe wäre, einem talentierten Musiker als geistiger Lehrer zur Seite steht.

Wie im irdischen Leben gibt es auch in der geistigen Welt verschiedene Lehrer für unterschiedliche Fächer.

„Wenn der Schüler reif ist, erscheint der Lehrer" – so treten geistige Lehrer in unser Leben. Sie erscheinen, wenn wir den Entwicklungsstand erreicht haben, von dem aus der Lehrer uns unterrichten kann. Manche Lehrer begleiten uns lange Zeit, andere sind nur für bestimmte Entwicklungsschritte zuständig. So könnte die Seele von Mozart ein talentiertes Kind vom Beginn seines Musikunterrichtes bis zum Erfolg als Weltstar begleiten, während er einem anderen Menschen nur für einen begrenzten Lernschritt zur Seite steht und auch erst erscheint, nachdem der Mensch von anderen Lehrern ausgebildet wurde.

Geistige Lehrer unterrichten meist eine begrenzte Zeit. Wenn sie ihre Aufgabe abgeschlossen haben, verlassen sie uns wieder und machen den Platz frei für neue Lehrer. In meinem Leben wurde ich für den feinstofflichen Bereich und in der spirituellen Entwicklung von mehr geistigen als physisch-irdischen Lehrern ausgebildet. So lernte ich die Herstellung der LichtWesen Essenzen vom Aufgestiegenen Meister Saint Germain. Die Technik Touch of Oneness, wie man sie anwendet und auch das Wissen dazu erhielt ich von Metatron. In der Phase des Erwachens unterstützte mich Ramana. Immer wenn ein neuer Schritt oder eine neue Technik anstand, meldete sich auch ein neuer Lehrer. Oft hatte ich mehrere Lehrer gleichzeitig, da ich in unterschiedlichen Bereichen lernte. So wie wir in der Schule in mehreren Fächern parallel lernen und von mehreren Lehrern unterrichtet werden, so können uns auch mehrere geistige Lehrer ausbilden.

Nicht nur für den spirituellen oder heilenden Bereich gibt es geistige Lehrer, sondern auch für den irdisch-materiellen. Als die Firma LichtWesen entstand, hatte ich keine Ahnung von betriebswirtschaftlichen Abläufen, von Einkauf und den wirtschaftlichen Anforderungen. Damit hatte ich mich nie beschäftigt. Ich bat um einen geistigen Lehrer, der mich unterstützen konnte. Es war nun nicht so, dass ich täglich medialen Unterricht in Buchführung erhielt – das wäre vermutlich sogar möglich gewesen, wenn mein Verstand nicht blockiert hätte. Die eigenen Zweifel an den Botschaften zur Buchführung wären zu groß gewesen, und dieser Bereich interessiert mich auch nicht so sehr, dass ich mich auf eine solche Ausbildung eingelassen hätte. Doch nachdem ich den geistigen Unternehmens- berater-Lehrer eingeladen hatte, sah ich plötzlich Zusammenhänge in der Buchhaltung, die mir vorher verborgen waren. Ich verstand leichter, was mir irdische Fachleute erklärten. Intuitiv sah ich Fehler oder fand die richtigen Fragen, die ich dann stellen oder nachschlagen konnte.

Die geistigen Lehrer sind nicht die ganze Zeit an meiner Seite. Es ist wie im irdischen Leben, es gibt „Unterrichtsstunden". Dazu wende ich mich an den Lehrer und bitte ihn, mich bei einer Aufgabe oder einer Frage zu unterstützen. Dies mache ich in der Meditation, aber auch während des normalen Alltags. Da ich seit langer Zeit mit den geistigen Wesenheiten vertraut bin, habe ich gelernt, auch während des normalen Alltags, wenn ich zum Beispiel am Schreibtisch sitze, meine Aufmerksamkeit auf den geistigen Lehrer zu richten und einen Hinweis oder eine Antwort von ihm zu erhalten.

Auch Menschen, die das erste Mal mit geistigen Lehrern Kontakt aufnehmen oder nicht geübt darin sind, Botschaften zu erhalten, bekommen Unterstützung. Doch für sie ist es schwierig, die Antwort oder den Impuls, der vom Lehrer kommt, von den eigenen Wünschen oder Gedanken zu unterscheiden. Oft sind die eigenen Ängste, Zweifel oder Vorstellungen lauter als die Stimme des Lehrers, so dass man die Botschaften nicht hört. Da der geistige Lehrer seine Aufgabe jedoch gewissenhaft erfüllt, findet er Wege, uns zu unterrichten. Wir brauchen uns darüber keine Gedanken zu machen. Im Gegenteil, je mehr Gedanken und Sorgen wir uns machen, je mehr wir die Stimme des Lehrers hören wollen, desto schwieriger wird es. Wir werden eng und angespannt, und dann fehlt Klarheit und die innere Ruhe. Wir können vertrauen, dass der Lehrer uns erreicht. Das kann auf unterschiedlichen Wegen geschehen, denn geistige Lehrer lehren nicht nur über geistige Botschaften. Sie schicken Erkenntnisse, Ideen und Visionen ins Bewusstsein, die dann plötzlich da sind und wie eigene Ideen erscheinen. Sie lassen ein Buch in unsere Hände fallen, und manchmal fällt es wirklich aus dem Regal der Buchhandlung vor unsere Füße. Sie arrangieren Begegnungen und Gespräche, in denen wir Erkenntnisse erhalten, oder wir besuchen ein Seminar oder einen Vortrag und lernen genau das, was der geistige Lehrer uns vermitteln will.

Oft begleiten geistige Lehrer uns, ohne dass wir es bemerken. Wenn ein bestimmter Lernschritt ansteht, werden wir angezogen von Büchern oder Artikeln aus Bereichen, die bisher für uns uninteressant waren. Vielleicht wundern wir uns sogar und fragen, was wir damit anfangen sollen. Doch wenn wir uns dann mit einem neuen Wissensbereich beschäftigen, haben wir Erkenntnisse, Geistesblitze und erkennen Zusammenhänge, die über das Gelesene oder Gehörte hinausgehen. So wirken Lehrer, ohne dass es uns bewusst ist.

Es ist möglich, geistige Lehrer einzuladen. Sie erscheinen, wenn wir bereit sind, sie anzunehmen. Die eigene Bereitschaft ist eine wichtige Voraussetzung, denn sie öffnet die Tür, damit eine Verbindung entstehen kann, und sie ermöglicht, die Aufmerksamkeit auf die Impulse und Hinweise des Lehrers zu richten.

Geistige Lehrer können uns auch vom Seelenbegleiter zur Seite gestellt werden. Meist erscheint der Lehrer, der nach dem Resonanzgesetz passt, was bedeutet, dass ich den Lehrer anziehe, der meinem Energiemuster, meinem Entwicklungsstand und meinen Absichten entspricht. Dadurch können auch Wesen erscheinen, die nicht im Einklang mit der Liebe und der Schöpfung wirken. Wenn ein Mensch Macht anstrebt für seinen eigenen Erfolg, für seinen persönlichen Vorteil und bereit ist, dafür jeden Preis zu zahlen, zieht er einen anderen Lehrer an als jemand, der Macht will, um zum Wohle der Schöpfung und im Einklang mit dem göttlichen Plan zu wirken. In beiden Fällen lernt der Mensch von seinem geistigen Lehrer viel zum Thema Macht. Doch die Lehrer sind sehr unterschiedlich, ebenso das, was der Mensch lernt. Natürlich wirken auch hier die karmischen Gesetze. Wenn ich einen Lehrer anfordere, dessen Hilfe ich nutze, um anderen zu schaden, trage ich für meine Handlungen die Verantwortung und habe den entsprechenden Ausgleich zu leisten.

Wenn ich die Hilfe eines Lehrers bewusst einlade, mache ich mir vorher klar, was ich lernen will und zu welchem Zweck ich das Gelernte einsetzen will. Wichtig ist es auch, einen Lehrer einzuladen, der ein höheres Energie- und Entwicklungsniveau hat als das eigene. Zumindest sollte es gleich hoch sein. Ist das Entwicklungsniveau des Lehrers niedriger als meines, kann er mich nicht unterrichten oder meine Entwicklung unterstützen. Von jemandem, der weniger weiß als ich, kann ich nichts lernen. Besitzt der Lehrer ein niedrigeres Energieniveau als ich, fließt die Energie von mir zu ihm und ich werde müde, wenn er erscheint. Wenn ich einen geistigen Lehrer einlade, nutze ich folgende Formulierung: „Ich lade einen geistigen Lehrer in mein Leben ein, der mich beim Thema … unterstützt, der im Einklang mit der Liebe und der Schöpfung dient und der in seinem Entwicklungsstand und im Energieniveau höher ist oder zumindest dem meinem gleicht."

Wenn ich noch nicht klar erkennen kann, was ich will oder brauche, oder falls ich mir mit meiner Formulierung nicht sicher bin, kann ich auch geistige Wesenheiten, denen ich vertraue, wie den Erzengel Michael, Christus oder meinen Seelenbegleiter bitten, mir den passenden Lehrer für das Thema auszuwählen. Dann brauche ich nur das Thema zu nennen, wie zum Beispiel Macht oder Heilen, und die Wesenheit, die ich bitte, beauftragt dann den Lehrer. Außer den geistigen Lehrern können diese Wesenheiten dann auch irdische Lehrer schicken, die nicht nur Wissen vermitteln, sondern über die wir auch erkennen, was für uns wichtig ist und was nicht passt. So begegnen wir dann zum Beispiel Menschen, die sich mit dem gleichen Thema beschäftigen wie wir, die darin schon erhebliches Wissen und Fertigkeiten angesammelt haben, die dieses Wissen aber auf eine Weise einsetzen, die uns widerstrebt. Dadurch erkennen wir, was wichtig ist und was zur Aufgabe unserer Seele passt. Vor Jahren besuchte ich ein Seminar eines Heilers, der die Auffassung vertrat, Gesundheit komme von Gott und alle Krankheiten kommen vom Teufel. Daher durfte er alle Krankheiten heilen, ohne dass der Mensch die Ursachen erkennen musste. Erst durch diese Aussage wurde mir bewusst, dass ich eine andere Auffassung von Krankheit habe. Krankheit ist für mich eine Botschaft der Seele oder eine Erfahrung, die mir dient, an der ich lerne. Daher kann sie durchaus im göttlichen Plan sein. In einem anderen Seminar, in dem ich eine energetische Technik erlernen wollte, wurden alle Teilnehmer energetisch über den Bauchnabel mit dem Seminarleiter, den anwesenden Teilnehmern und allen Teilnehmern, die jemals am Seminar teilgenommen hatten und teilnehmen würden, verbunden. Dadurch wurde mir bewusst, dass in meiner Arbeit Freiheit und Selbstverantwortung wichtig sind. Jeder soll den direkten Zugang zur Quelle erhalten, ohne dass er mit einem anderen Menschen zusammengeschlossen wird oder von einem anderen abhängig ist.

Hochentwickelte geistige Lehrer haben nicht nur den Zugriff auf die Inhalte der Seelenbibliothek, sie besitzen auch einen Zugang zur kosmischen Zentralbibliothek, in der alles Wissen enthalten ist. Wenn jemand eine neue Technik oder Wissen auf die Erde bringen will, das es bisher noch nicht gab, kann der geistige Lehrer diesem Menschen das Wissen der Zentralbibliothek vermitteln, falls es im Seelenplan vorgesehen ist. Doch es ist möglich, dass die Information, die der Mensch erhält, noch nicht an die irdischen Verhältnisse angepasst ist. Es kann eine Idee, ein Gedankenblitz oder eine Erkenntnis sein, die erst noch umgesetzt werden muss. Es ist dann die Aufgabe des Menschen, herauszufinden, wie die Information verwertbar wird.

• • •

MEDITATION
BEGEGNUNG MIT EINEM GEISTIGEN LEHRER

Für einen Moment beobachte deinen Atem und erlaube, dass sich mit deinem Atem Ruhe und Entspannung vertiefen und dein Blick sich mehr und mehr in deine innere Welt richtet. Dann erscheint vor dir die Treppe, die dich in deinen Seelenraum führt. Du folgst

der Treppe und jede Stufe bringt dich näher zu deinem Seelen-
raum.

Nachdem du den Seelenraum betreten hast, schaust du dich um.
Wie sieht dein Seelenraum heute aus? Wie fühlst du dich hier?
Nachdem du dich im Seelenraum umgeschaut hast, betritt dein
Seelenbegleiter den Raum. Wenn er bei dir angekommen ist, hüllt
er dich ein in eine klärende und heilende Kraft, die dich stärkt
und deinen inneren Frieden vertieft.

Nun hast du die Möglichkeit, einem Lehrer zu begegnen, der dich
im Moment unterstützt. Falls du zu einem Thema oder zu einer
Situation etwas wissen willst, kannst du deinen Seelenbegleiter jetzt
bitten, einen passenden Lehrer einzuladen. Du kannst es jedoch
auch deinem Seelenbegleiter überlassen, den Lehrer zu wählen, der
dir jetzt einen Hinweis gibt.

Nun erscheint ein Lehrer oder eine Lehrerin im Seelenraum. Auf
deine Weise kannst du wahrnehmen, wie dieses Wesen aussieht, ob
du ihm vorher schon einmal begegnet bist und welche Ausstrahlung
es hat. Vielleicht ist es dir schon vertraut.

Falls du eine Frage hast, kannst du dem Lehrer nun diese Frage
stellen.

Falls der Lehrer einen Hinweis oder eine Botschaft für dich hat,
teilt er sie dir jetzt mit. Es kann sein, dass die Botschaft nicht aus
Worten besteht, sondern dass es Bilder sind oder ein Gefühl, ja es
kann sogar ein inneres Wissen sein.

Nun kannst du den Lehrer bitten, dich auch weiterhin zu un-
terrichten und dir auch in Situationen des Alltags Hinweise zu
geben, falls dies für dich wichtig ist. Du kannst ihn auch bitten, die
Verbindung zwischen euch zu verstärken, falls du das möchtest.

Nun ist es Zeit, diesen Raum wieder zu verlassen. Und du weißt,
dass du jederzeit wieder in diesen Raum zurückkehren kannst und
dem Lehrer oder auch einem Lehrer zu einem anderen Thema begeg-
nen kannst. Wenn du möchtest, kannst du dem Lehrer nun danken.

Nachdem du den Raum verlassen hast, begibst du dich wieder zur Treppe und folgst ihr zurück in das Hier und Jetzt, machst einige tiefe Atemzüge, beginnst dich zu bewegen und beendest die Meditation mit den Worten „Wach sein".

. . .

Seelenfamilie

Die Strukturen von Familie und Freundschaft finden sich auch auf der Seelenebene. Eine Seelenfamilie umfasst wesentlich mehr Mitglieder als eine irdische Familie. Sie kann aus mehreren hundert Seelen bestehen, die in großer Liebe miteinander verbunden sind.

Mitglieder einer Seelenfamilie sind sich ähnlich. Sie kommen aus dem gleichen Seelenvolk, ähneln sich in ihren Seelenstrukturen und haben vergleichbare Aufgaben. Ihre tiefe innere Verbindung besteht seit Äonen. Sie bilden eine Gemeinschaft, die sich unterstützt und gemeinsam lernt oder wirkt. Wenn Mitglieder einer Seelenfamilie zusammenwirken, multiplizieren sich die Fähigkeiten und Kräfte der Wirkenden.

Wie in den irdischen Familien gibt es auch in einer Seelenfamilie alte und junge Seelen. Die älteren Seelen unterstützen und begleiten die jüngeren. Da nicht alle Mitglieder der Seelenfamilie inkarniert sind, findet diese Unterstützung auch über die geistig-feinstoffliche Ebene statt. Die nichtinkarnierten Seelen stehen den Menschen energetisch zur Seite. Sie geben Impulse an wichtigen Stellen des Lebensweges. Von ihnen kommen Botschaften und Hinweise. Sie können die Türen zu Erinnerungen und Erfahrungen öffnen und auch Verbindungen zu Lehrern herstellen, die der Mensch aufgrund seiner energetischen Struktur nicht aufnehmen könnte. Außerdem stellen sie den inkarnierten Mitgliedern ihre Erfahrung zur Verfügung.

Wenn Mitglieder einer Seelenfamilie in der gleichen Zeit inkarnieren, treten sie selten im irdischen Familienverband auf. Familien sind Lerngemeinschaften. Von Mitgliedern fremder Seelenfamilien oder Seelenvölker können wir mehr lernen als von den verwandten Seelen, die uns sehr ähnlich sind. Die Reibung mit Mitgliedern fremder Familien ist größer, es gibt schneller Auseinandersetzungen und diese fördern unser Wachstum. Mitglieder einer Seelenfamilie, die in der gleichen irdischen Familie inkarnieren, wollen sich gegenseitig unterstützen und manchmal auch gemeinsam wirken. Mit ihnen ist das Zusammenleben in der irdischen Familie meist harmonisch.

Wollen Mitglieder der Seelenfamilie sich in einer Inkarnation treffen, wählen sie oft den Weg der Freundschaft. Wenn wir ihnen begegnen, fühlen wir uns vertraut und verbunden mit ihnen. Sie sind uns ähnlich und wir haben das Gefühl, als würden wir sie schon lange kennen, selbst wenn wir ihnen gerade erst begegnet sind. Dieses Gefühl tritt meist schon bei der ersten Begegnung auf. Die Intensität ist von der Dauer der Bekanntschaft unabhängig. Ein Blick in die Augen genügt, um sich auf der Seelenebene zu erkennen. Freunde, die der gleichen Seelenfamilie angehören, sind oft vertrauter als die eigenen Eltern, Geschwister oder andere langjährige Freundschaften.

Begegnen sich Seelenverwandte in Körpern mit verschiedenem Geschlecht, spüren sie eine tiefe Liebe zueinander, die auf Vertrautheit und Verstehen basiert, letztlich auf Ähnlichkeit. Die Anziehung zwischen ihnen ist jedoch meist nicht erotisch-sexuell. Trotzdem kann die Vertrautheit so groß sein, dass man sich auch als Mann und Frau zueinander hingezogen fühlt. Diese Verbindung mit dem Mitglied der Seelenfamilie irritiert besonders dann, wenn man bereits in einer Beziehung oder Ehe lebt. Denn die Vertrautheit, die man zu dem Mitglied der Seelenfamilie spürt, wird oft als stärker empfunden als die Liebe zum Ehepartner. Die problemlose, verständnisvolle Liebe zum Mitglied der Seelenfamilie scheint besser geeignet für eine Partnerschaft. Es entsteht ein innerer Konflikt, der nur schwer zu lösen ist, weil die Menschen nicht verstehen, dass die Vertrautheit aus der

Seelenfamilie stammt und als geschwisterliche, nicht-sexuelle Liebe und Freundschaft gelebt werden kann, während die Partnerschaft oder Ehe eine „Wachstumsgemeinschaft" ist, in der man miteinander lernt und auch durch die Unterschiede und Auseinandersetzungen mit dem Partner wächst.

Vor der Geburt werden oft Absprachen oder Vereinbarungen zwischen den Mitgliedern der Seelenfamilie getroffen, die gleichzeitig inkarnieren. Die Unterstützung geschieht immer aus Liebe. Sie wollen einander behilflich sein und Erfahrungen ermöglichen. Doch dies geschieht nicht immer in angenehmer Weise. Wenn wir unangenehme Erfahrungen für unsere Entwicklung brauchen, sind es oft Mitglieder der Seelenfamilie, die sich dazu bereit erklären. Sie fügen uns Schaden zu oder wenden sich von uns ab, wenn wir Hilfe brauchen. Der Inquisitor, der einen Menschen zum Tod auf dem Scheiterhaufen verurteilt, obwohl er ihn hätte freisprechen können, kann ein naher Seelenverwandter sein, wenn die Seele diese Erfahrung für ihren Lebensweg braucht. Als Mensch fällt es uns schwer, das zu verstehen. Wir denken, dass man einem anderen Menschen nur einen Schaden zufügt, wenn man ihn hasst. Mit Liebe hat das für uns nichts zu tun. Vor kurzem erzählte mir eine hellsichtige Frau, dass sie sich von einer Gruppe von Menschen getrennt hätte, obwohl die meisten Mitglieder der Gruppe Seelenverwandte wären. Die Gruppe hatte sie blockiert und ausgenutzt. „So stelle ich mir Seelenverwandte nicht vor", meinte sie. Doch letztlich hat sie durch das Handeln der Gruppenmitglieder gelernt, Grenzen zu ziehen und für ihre Wahrheit einzustehen, selbst wenn dies eine schmerzliche Trennung beinhaltete.

Seelenfreunde

Seelenfreunde sind Wesen, die in einem oder mehreren Leben herausragende und außergewöhnliche Erfahrungen miteinander gemacht haben. Sie gehören verschiedenen Seelenfamilien an, oft auch unterschiedlichen Seelenvölkern. Seelenfreunde können zusammen Schlachten geschlagen haben, sich gegenseitig unterstützt und das Leben gerettet haben. Sie haben zusammen regiert und große Reiche aufgebaut, sie haben schwierige Situationen durch gemeinsames Handeln gemeistert. Durch dieses Miteinander ist eine tiefe Verbundenheit und Vertrautheit entstanden. Wenn sie sich auf der irdischen Ebene begegnen, fühlen sie sich zueinander hingezogen, miteinander verbunden, und ihre Begegnung und Freundschaft ist von Liebe, Vertrauen und Zuverlässigkeit geprägt. Wenn sie zusammenwirken, addiert sich ihre Kraft, Zuversicht und Stärke. Treten zwischen inkarnierten Seelenfreunden Missverständnisse oder Zwietracht auf, lässt die Sehnsucht sie doch immer wieder zusammenkommen und nach Wegen zur Versöhnung suchen.

Auch Seelenfreunde unterstützen sich auf beglückende und schmerzvolle Weise. Seelenfreunde und Mitglieder der Seelenfamilie tauchen oft auf, wenn man in Not ist oder Unterstützung in einem Entwicklungsabschnitt braucht.

• • •

MEDITATION BEGEGNUNG MIT DER SEELENFAMILIE ODER EINEM SEELENFREUND

Mit dieser Meditation können Sie sowohl einem Mitglied der Seelenfamilie als auch einem Seelenfreund begegnen. Sie brauchen dazu nur an den entsprechenden Stellen den Begriff auszutauschen.

Für einen Moment beobachte deinen Atem und erlaube, dass sich mit deinem Atem Ruhe und Entspannung vertiefen und dein Blick sich mehr und mehr in deine innere Welt richtet. Dann erscheint vor dir die Treppe, die dich in deinen Seelenraum führt. Du folgst der Treppe und jede Stufe bringt dich näher zu deinem Seelenraum. Nachdem du den Seelenraum betreten hast, schaust du dich um. Wie sieht dein Seelenraum heute aus? Wie fühlst du dich hier?

Nun betritt dein Seelenbegleiter wieder den Raum. Diesmal wird er begleitet von einem Wesen, das dir sehr vertraut ist, auch wenn du ihm vielleicht noch nicht begegnet bist. Dieses Wesen ist ein Mitglied deiner Seelenfamilie, jemand, der jetzt für dich eine besondere Bedeutung hat. Während du dieses Wesen betrachtest, seine Gestalt, seine Ausstrahlung, nimmst du auch wahr, in welcher Liebe ihr miteinander verbunden seid. Wenn ihr euch begrüßt, wird dir bewusst, wie lange du dieses Mitglied der Seelenfamilie schon kennst und in welcher Beziehung ihr zueinander steht. Falls es etwas gibt, das ihr austauschen möchtet, ist nun die Zeit dafür.

Dein Seelenverwandter teilt dir auch mit, in welcher Weise er dich unterstützt.

Das Mitglied der Seelenfamilie hat ein Geschenk für dich. Dieses Geschenk kann auch eine Botschaft oder eine Erfahrung sein, die er dir zur Verfügung stellt. Wenn der Seelenverwandte dir das Geschenk überreicht, wird dir bewusst, welche Bedeutung dieses Geschenk für dein Leben hat.

Auf deine eigene Weise kannst du dich nun bei dem Mitglied deiner Seelenfamilie bedanken. Du weißt, wann immer du möchtest, kannst du ihm wieder begegnen, und er wird gerne seine Erfahrung und sein Wissen mit dir teilen.

Nun ist es Zeit, diesen Raum wieder zu verlassen. So verabschiedest du dich von deinem Seelenverwandten und vom Seelenbegleiter, begibst dich wieder zur Treppe, folgst ihr zurück in das Hier und Jetzt, machst einige tiefe Atemzüge, beginnst dich zu bewegen und beendest die Meditation mit den Worten „Wach sein".

• • •

7.

Seelenmythos Atlantis

Die Geschichte vom untergegangenen Kontinent Atlantis ist in unserer Zeit wieder aktuell. Sie ist Thema zahlreicher Bücher, Artikel, Seminare und Diskussionen.

Der erste schriftlich erhaltene Hinweis zu Atlantis findet sich bei Platon, in seinem Buch *Kritas oder Von der Atlantis*. Dort schreibt er: „… während über die Ersteren (welche jenseits der Säulen des Herakles wohnten) die Könige der Insel Atlantis herrschten, welche, wie ich bemerkt habe, einst größer war als Libyen und Asien (zusammen), jetzt aber durch Erderschütterungen untergegangen ist und dabei einen undurchdringlichen Schlamm zurückgelassen hat, welcher sich Denen, die in das jenseitige Meer hinausschiffen wollen, als Hindernis ihres weiteren Vordringens entgegenstellt" (Platon, S. 437). Platon beschreibt die landschaftlichen und kulturellen Verhältnisse in Atlantis, wie die Anlage der Städte und Bauten, die Organisation der Streitkräfte, die Bräuche und Gesetze. Da Platon seine Erzählung mit den Worten einleitet: „Vor allem nun wollen wir uns zunächst das ins Gedächtnis zurückrufen, dass es im Ganzen neuntausend Jahre her sind …", lässt er offen, ob seine Informationen zu Atlantis aus einer historischen Quelle oder einem Mythos stammen oder ob sie seine schriftstellerische Erfindung sind.

Für mich ist Atlantis ein Seelenmythos, eine Geschichte, die uns etwas lehren will. Eine Definition des Begriffes „Mythos" lautet, dass er im Gegensatz zur wissenschaftlichen Erklärung Erkenntnisse nicht durch nachprüfbare Fakten schafft, sondern durch Erzählung. Im

Unterschied zur Historie lässt sich der Inhalt des Mythos nicht nachprüfen. Seine Kraft entsteht aus einem kollektiven Glauben an seine Wirklichkeit oder Wahrheit oder aus Bildern, die einen Bezug zur aktuellen Situation haben. Mit Ausnahme der Schöpfungsmythen behandelt ein Mythos regelmäßig wiederkehrende Konstellationen und Konflikte. Daher ist er für Sigmund Freud eine Projektion menschlicher Probleme und Erfahrungen auf übermenschliche Wesen. Auch die Bilder der Seele, die sich uns zeigen, wenn wir Zugang zu anderen Zeiten wie Atlantis haben oder gezielt in einer Meditation oder Reinkarnationssitzung in der Zeit zurückgehen, müssen nicht bedeuten, dass diese Erinnerung historische Wahrheit ist. Die Seele hat Zugang zu den übergeordneten Bildern der Mythen, wie die Schöpfungsmythen belegen. Obwohl die Völker räumlich und zeitlich voneinander getrennt sind, enthalten die Schöpfungsmythen über die Kulturen und Erdteile hinweg doch gleiche Elemente. Dies kann man auch bei den Archetypen und den archetypischen Symbolen beobachten. Grundassoziationen ähneln sich in vielen Kulturen und Religionen. Ein Kreis beispielsweise ist Symbol für Geschlossenheit, für Ganzheit und Vollständigkeit, das Kreuz ist die strukturierte Ganzheit im Raum oder in den Elementen. In den meisten Kulturen wird der Kreis als himmlisch, das Kreuz als irdisch angesehen. Der Kreis als Mandala ist ebenfalls in vielen Kulturen zu finden. Auch in der Mythologie finden sich in unterschiedlichen Kulturkreisen immer wieder ähnliche oder gleiche Muster, Strukturen und Bilder, wie der Mutterarchetyp, der Schattenarchetyp des Widersachers, der Baum des Lebens (Wikipedia – Archetypus). Auch im Seminar „Einweihung in die Seelenenergie" konnte ich beobachten, dass Teilnehmer Bilder und Informationen erhielten, die zum Beispiel zur Beschreibung der druidischen Seelenvölker passten, obwohl sie noch nie etwas davon gehört hatten. Der Tiefenpsychologe Carl Gustav Jung geht ebenfalls davon aus, dass die Seele Zugang zu den kollektiven Bildern der Weltseele hat und dass die Archetypen überindividuelle Urbilder der Seele sind, Symbole aus einem gemeinsamen Urstoff.

Diese archetypischen Bilder zeigen sich auch in Träumen und sind nicht nur bei C. G. Jung Grundlage der Traumdeutung.

Im 20. Jahrhundert werden Mythen auch definiert als tradierte Erzählungen, die darüber berichten, wie die Gegenwart in der Vergangenheit begründet ist. Sie lehren den Umgang mit Krisen, belastenden Situationen oder existentiellen Grunderfahrungen (Wikipedia – Mythos).

In diesem Sinne ist auch der Mythos von Atlantis eine Erzählung, aus der wir Erkenntnisse und Lösungswege für unsere heutige Situation entwickeln können. Nach dem Mythos waren die Menschen in Atlantis und ihre technologischen Möglichkeiten hoch entwickelt. Sie besaßen Wissen und Techniken, um das Gefüge der Erde zu beeinflussen. Doch sie überschätzten ihre Fähigkeiten. Durch den Einsatz ihrer Technik beeinflussten sie die Struktur der Erde so, dass die Harmonie aus dem Gleichgewicht geriet. Dies führte zum Untergang von Atlantis. Haben wir heute nicht eine vergleichbare Situation?

Betrachtet man den Mythos von Atlantis aus diesem Blickwinkel, ist es nicht wichtig, ob Atlantis historisch nachweisbar existiert hat. Wenn die Geschichte von Atlantis nachweisbar wäre, würde sie die gleichen Erkenntnisse und Lernschritte bringen wie eine erfundene Geschichte.

Schon als ich das erste Mal von Atlantis hörte, begann etwas in mir in Resonanz zu gehen. Ich war fasziniert und hatte gleichzeitig den Eindruck, etwas Vertrautes zu hören, so als würde mir jemand eine Geschichte aus meiner Kindheit erzählen, die ich selbst erlebt habe, an die ich mich aber nicht mehr erinnere. Später kamen auch eigene Bilder und Erinnerungsbruchstücke dazu. Artikel oder Bücher zum Thema Atlantis faszinierten mich und ich las alles, was mir begegnete. Doch die Darstellungen waren sehr unterschiedliche und widersprachen sich sogar. Bei manchen hatte ich das Gefühl „Ja, genau so war es, ich erinnere mich". Andere erschienen mir fremd, absurd und falsch. Ich hatte das Gefühl, dass diese Darstellung nicht mit meiner

Erinnerung übereinstimmte. Lange hatte ich keine Erklärung für diese unterschiedlichen Beschreibungen, von denen viele von spirituellen Menschen stammten. Vor kurzem kam mir die Erklärung: Die Erinnerung hängt mit dem Entwicklungsstand, der Stellung, der Aufgabe und dem Wohnort in Atlantis zusammen. Würde ein Politiker wie der Präsident von Amerika, ein spirituelles Oberhaupt wie der Dalai Lama und ein Kamelzüchter aus der Wüste, der seine Oase nie verlassen hat, ein Buch über unsere heutige Zeit schreiben, erhielten wir auch drei völlig unterschiedliche Beschreibungen. Es gäbe vermutlich weder eine Übereinstimmung in der Beschreibung der Umwelt noch in der Sichtweise und Interpretation der Ereignisse. Wenn jemand ein Buch über Atlantis schreibt, der Bauarbeiter war, erinnert er sich an etwas anderes als ein Hohepriester des Tempels. Ein Techniker aus Atlantis beschreibt die Ursachen für den Untergang anders als ein Heiler.

Die Geschichte von Atlantis beinhaltet für mich noch eine andere Erkenntnis. Mit dieser Erzählung bzw. mit diesem Modell können wir verstehen, wie energetische Blockaden entstehen und weshalb oft Traurigkeit, Schmerz oder Schuldgefühle auftauchen, wenn wir versuchen, uns an Wissen aus anderen Leben zu erinnern.

Atlantis

Auf Atlantis lebten verschiedene Seelenvölker. Viele der anwesenden Seelen waren hoch entwickelt und stammten aus hohen Bewusstseinsebenen. Sie wirkten zusammen, um den Planeten Erde zu einem besonderen Platz des Lebens und Lernens zu machen. Die Vision, die alle Wesen verband und für die sie zusammenarbeiteten, war das Paradies. Die hochentwickelten Wesen dienten in Tempeln als Heiler, Lehrer, Wissenschaftler und Techniker. Sie erarbeiteten Techniken zur Energiegewinnung, für die Gestaltung der Erde, für Heilung und für die persönliche Entfaltung.

Die meisten Bewohner von Atlantis hatten einen physischen Körper. Sehr hoch schwingende Wesen waren allerdings nur in einem feinstofflichen Körper anwesend, ihre Körper besaßen keine physisch-materielle Struktur. Dadurch brauchten sie keine irdische Nahrung und keinen Schlaf. Dennoch waren diese hochschwingenden Wesen sichtbar, da sie die feinstoffliche Energie so verdichten konnten, dass sie in menschlicher Form erschienen.

Durch ihre hohe Schwingung hatten diese Wesen die Kraft und Möglichkeit, hochschwingende Energien auf die Erde zu leiten. Sie konnten sich leicht mit dem Wissen der Zentralbibliothek und anderen Wesen verbinden, die nicht auf der Erde weilten. Außerdem konnten sie aufgrund der feinstofflichen Struktur die grobstofflichen Körper und Strukturen besser beeinflussen. Auf diese Weise war Heilung leicht möglich, sowohl die Heilung von Störungen in der Erde als auch im physischen Körper. Feinstoffliche Heiler konnten abgetrennte Glieder innerhalb kurzer Zeit wieder verbinden oder regenerieren. Körperliche Disharmonien, gleichgültig ob auf mentaler, emotionaler oder physischer Ebene, konnten harmonisiert werden. Für manche Therapien wurden besondere Räume geschaffen. So gab es Heilräume, die aus verschiedenen Kristallen bestanden, und Heilräume mit Farben, mit Tönen und mit Schwingungsfrequenzen.

Was die Wesen von Atlantis nicht bemerkten war, dass sich im Laufe der Zeit eine unterschiedliche Vorstellung vom Paradies entwickelte. Manche hatten das Bild, dass die Erde ein Ort der Liebe und des Friedens werden sollte, ein Ort des Glücks und der Glückseligkeit, in der man ohne Sorgen leben und lernen konnte. Andere stellten sich vor, die Erde in jeder Hinsicht zu gestalten und ganz nach ihren Wünschen zu formen. Und es gab natürlich auch Wesen, die wollten die bestehende und die entstehende Welt beherrschen. Sie wollten Macht. So begann sich, zunächst unbemerkt, eine Disharmonie einzustellen. Diese Disharmonie zwischen den wirkenden Kräften verursachte auch Disharmonien in den entstehenden Strukturen. In der Endzeit von Atlantis begannen Experimente, um den Erdenton, die Erdschwingung und das Erdpotential zu verändern. Einige Wesenheiten starteten Versuche, um die genetischen und körperlichen Strukturen von Tieren und wenig entwickelten Menschen zu verändern.

Als dies größere Ausmaße annahm, erhoben sich warnende Stimmen. Diese Stimmen riefen zur Vorsicht und zur Wachsamkeit. Sie behaupteten, dass die Erde Energiesprünge nicht verkraften würde, dass sogar die Gefahr bestände, dass der Planet auseinanderbreche, wenn die Kräfte zu disharmonisch würden oder es gar zu einer unkontrollierten Freisetzung von Energie kommen sollte. An einen Unfall oder einen Störfall wollte man gar nicht denken, denn der hätte verheerende Folgen. So begann in Wissenschaft, Forschung, Technik und Heilung eine Spaltung in zwei Lager. Auf der einen Seite standen diejenigen, die glaubten, ihre Technik und die Erde beherrschen zu können, und die ihre Experimente um jeden Preis durchführen wollten. Auf der anderen Seite standen die Gegner, die ein langsames Wachstum, die Vorsicht und Wachsamkeit forderten oder sogar verlangten, die Wissenschaft solle in Zukunft nur noch dazu dienen, den Status quo, der sehr hoch geworden war, zu erhalten. Sie vertraten die Ansicht, dass man mit dem Erreichten zufrieden sein solle. Der Konflikt wurde immer schärfer. Da es keine Hierarchie gab, keinen anerkannten Herrscher, der Macht über alle Parteien gehabt hätte, gab es auch keine Einigung. Die Experimente mit der hohen Schwingungsenergie lösten schließlich in der Erde einen so einschneidenden Energieimpuls aus, dass es zu einer gewaltigen Naturkatastrophe kam. Erdbeben, Vulkanausbrüche und riesige Flutwellen zerstörten Atlantis und viele seiner Bewohner starben.

Die hochschwingenden feinstofflichen Wesen von Atlantis, die keinen physischen Körper besaßen, konnten sich während der Katastrophe in höhere Schwingungsbereiche zurückziehen oder die Erde ganz verlassen. Doch die Schockwelle der Zerstörung ging auch durch ihr System. Durch die Zerstörung des Kontinents Atlantis verlangsamte sich auch die Erdrotation und das Energieniveau sank.

Die menschlichen Seelen, die zur Zeit von Atlantis den Kontinent bevölkert hatten, verloren zwar ihre Körper, aber sie konnten neu inkarnieren. Die hochschwingenden Wesen, die ohne Körper in Atlantis geweilt hatten, konnten aufgrund des niedrigeren Energieniveaus und der anderen Umweltstrukturen nicht mehr zurück. Sie mussten sich entscheiden: Entweder sie verließen die Erde und dienten von einer höheren Ebene aus, oder sie blieben auf der Erde und lebten statt in einer feinstofflichen Struktur in grobstofflichen, dichten Körpern. Um in einem menschlichen Körper zu inkarnieren, mussten die hochschwingenden Wesen in ihre Seelenstruktur einen menschlichen Anteil einfügen und vor allem, sie mussten ihr Schwingungsniveau senken. Das Energieniveau eines Wesens lässt sich am einfachsten und wirkungsvollsten durch emotionale Dissonanzen herunterfahren: Schock, Schuld, Trauer, das Gefühl, versagt zu haben. Dichte emotionale und mentale Strukturen lassen das gesamte Körper-Energiesystem dichter werden. So bauten die hochschwingenden Wesen, die weiter auf der Erde leben und wirken wollten, solche emotionalen Strukturen in ihr Energiesystem wie: Ich habe versagt, ich bin schuld am Untergang von Atlantis, ich bin schuld am Tod von Tausenden, meine Heimat wurde zerstört, mein Werk wurde vernichtet, ich habe all meine Kraft vergebens eingesetzt und konnte nichts bewirken … Mit diesen und ähnlichen Sätzen inkarnierten die nicht-menschlichen Seelenvölker des höheren Bewusstseins.

Nachdem Atlantis untergegangen war, kehrten zahlreiche hochentwickelte Seelen in menschlichen Körpern auf die Erde zurück. Sie wollten den Schaden beheben und einen neuen Versuch starten, die Erde zu einem paradiesischen Ort zu gestalten. An verschiedenen Stellen der Erde fanden sie sich wieder zusammen und errichteten neue Kulturen, um ihre Arbeit zur Entwicklung der Erde fortzusetzen: in Südamerika, in Ägypten, in England, in Indien, in Tibet. So entstanden Hochkulturen mit Pyramiden, gewaltigen Steinmonumenten und Tempeln, die die Zeit überdauerten.

Da sich die ehemals feinstofflichen Wesen jedoch nun in einem physischen Körper mit niedrigerer Schwingung befanden und gleichzeitig auch das Schwingungsniveau der Erde gesunken war, konnten die aus Atlantis inkarnierten Seelen die Techniken nicht mehr in der gleichen Weise nutzen wie früher. Sie mussten Wege finden, um die Techniken und das Wissen an die neuen Verhältnisse anzupassen. So entstanden Hilfsmittel, die ein kraftvolles Wirken ermöglichten: Pyramiden, die Formen der Tempel, das Ankhkreuz, andere Instrumente, von denen es heute zwar Abbildungen gibt, deren Bedeutung und Wirkung allerdings nicht bekannt sind. Es entstanden Rituale und Wortformeln, welche die Wirkungskraft verstärkten.

In den neuen Ländern, in denen Hochkulturen entstanden, inkarnierten auch viele Seelen, die in Atlantis über Wissen und Fähigkeiten verfügt hatten. Durch den Schock, durch die niedrigere Schwingung oder aus anderen Gründen war der Zugang allerdings blockiert. Daher entstanden auch Techniken, um das Vergessen zu überwinden und für die Seelen die Tür zu früherem Wissen wieder zu öffnen.

Doch das Absinken des Energieniveaus konnte nicht aufgehalten werden. Die Erde und ihre Bevölkerung sanken in ihrem Energieniveau immer tiefer. Die Menschen verstrickten sich immer mehr in Unwissenheit, Machtkampf und Gier. Dunkle Zeiten wie das Mittelalter brachen an. Doch auch nach der dunkelsten Nacht folgt ein neuer Morgen. Nachdem immer mehr Seelen in die Unwissenheit und in materielle Verstrickungen gesunken waren, gab es einen Wendepunkt. Die Suche nach Weisheit und dem Wissen der Seele begann von neuem.

Dies beschreibt auch das Modell der Zeitalter. Vom Zeitalter der Fische, das die letzten 2000 Jahre umfasste, tritt die Menschheit nun ins Zeitalter des Wassermanns. Themen des Fischezeitalters waren Religiosität, Ordnung, Festhalten an Dogmen und rational-polares Denken. Im Wassermannzeitalter geht es um ganzheitliches Denken, Bewusstheit und die Überwindung des Egoismus.

Die oben beschriebene Version der Geschichte von Atlantis sah ich in einer Meditation. Doch nachdem ich sie so niedergeschrieben hatte, öffnete sich mir plötzlich noch ein anderer Aspekt, den ich bisher übersehen hatte, weil er mit meinem Wirken zu tun hatte. Als ich das erste Mal in die Geschichte von Atlantis zurückging, sah ich mich als Hohepriesterin und Leiterin eines Tempels. Ich stand auf der Seite, die gegen die Experimente war, die schließlich zum Untergang führten. Und so war in meiner „Erinnerung" gespeichert, dass „die anderen die Schuld trugen". Dann öffnete sich in einer Meditation eine übergeordnete Sichtweise. Als die Experimente begannen und Priester, Wissenschaftler und Führer sich in zwei entgegengesetzte Lager spalteten, trat eine dritte Gruppe auf, die den Ausgleich wollte. Diese dritte Gruppe wollte die sich zunehmend feindlich gesonnenen Lager wieder zusammenbringen. Sie erläuterte, dass die eine Seite einen Fortschritt anstrebte, der eine Gefahr für den Kontinent und die Erde beinhaltete, während die andere Seite den Stillstand wollte. Beides war nicht „gesund". Der mittlere Weg, der Weg des Ausgleichs zwischen den beiden Seiten und das gemeinsame Wirken wäre die Lösung, betonten sie. Doch die beiden Lager hörten nicht auf diese Stimme des Ausgleichs und entfernten sich immer mehr voneinander. Die Spannung zwischen den beiden machtvollen Seiten wuchs. Beide Seiten konnten erkennen, wohin diese Entwicklung führen konnte, und viele haben es in ihren Visionen vorhergesehen. Dennoch verharrte jeder kompromisslos auf seiner Sicht. So kam zusätzlich zu den Energieimpulsen aus den Experimenten die energetische Spannung zwischen den Mächtigen. Letztlich war diese Spannung zwischen den beiden extremen und kraftvollen Polen die Ursache, die zur Zerstörung führte. Hätten die beiden Seiten zusammengewirkt, hätten die Folgen der Experimente ausgeglichen werden können. Der Kontinent wäre in Harmonie geblieben, wenn es einen gemeinsamen Weg gegeben hätte.

So wie ich wahrnehmen konnte, auf welcher Seite ich gestanden hatte, so nahm ich auch wahr, dass ein Freund von mir, mit dem ich im heutigen Leben ein gemeinsames Projekt hatte, auf der anderen Seite gestanden hatte. Über die Ziele, die wir im heutigen Projekt erreichen wollten, waren wir uns einig. Aber über die Vorgehensweise, wie wir diese Ziele erreichen wollten, waren wir oft unterschiedlicher Meinung. Unsere Sichtweisen entfernten sich so voneinander, dass wir entschieden, dass einer die Leitung des Projektes übernehmen und die gemeinsamen Ziele auf seine Weise mit Unterstützung des anderen umsetzen sollte. Einen anderen Weg schien es nicht zu geben. Trotzdem wurde die Zusammenarbeit immer schwieriger.

Nachdem ich die größere Sicht des Unterganges von Atlantis erhalten hatte, fiel es mir plötzlich wie Schuppen von den Augen: Atlantis wiederholte sich auch in meinem Leben. Unser gemeinsames Projekt mit seinen Zielen entsprach den Zielen von Atlantis, die unterschiedlichen Wege zu diesen Zielen schienen wieder einmal unvereinbar. Die gegenseitigen Verletzungen bewirkten, dass jede Seite sich auf ihre Position zurückzog. Ein Ausgleich schien kaum noch möglich. Diese Erkenntnis bewog mich dazu, meine starre Haltung aufzugeben und nach einer neuen Lösung zu schauen.

Ich nehme wahr, dass heute wieder viele Seelen, die in Atlantis gewirkt haben, inkarniert sind. Sie wollen in dieser Zeit des Wandels ihre Fähigkeiten und ihr Wissen einbringen. Nicht nur der Maya-Kalender endet im Jahr 2012, woraus das Ende der Welt oder ein Wandel abgeleitet wird. Auch eine Reihe Kalender aus anderen Kulturen bezeichnen die Zeit, in der wir gerade leben, als eine Zeit des Umbruchs und des Wandels. Der zeitliche Bereich betrifft die Jahre 2012 bis 2021 (Datum aus dem keltisch orientierten Kalender der *Tuatha de Dannan*, nach Göbel). So stehen diese Seelen aus den höheren Schwingungsbereichen, die Seelen, die Zugang zu Wissen und Fähigkeiten haben, um die Zeit des Wandels auf eine kraftvolle Weise zu unterstützen, wieder vor der gleichen Herausforderung wie nach Atlantis: Sie wollen sich erinnern an ihr vergangenes Wissen und ihre Fähigkeiten, sie wollen den Zugang zur Zentralbibliothek wiederfinden, sie wollen die Techniken und Fähigkeiten, die sie einst beherrschten, anpassen an die heutige Zeit. So kommt es, dass viele Menschen sich erinnern wollen und nach Techniken und Wegen

suchen, um den Zugang zu ihrem verborgenen Wissen wiederzu-
erlangen. Wenn sie sich erinnern und die Methoden ausprobieren,
stellen sie oft fest, dass sie nicht so funktionieren, wie sie es aus ihrer
„Erinnerung" kennen. Enttäuscht zweifeln die Menschen dann an
ihrer Erinnerung. Sie sehen nicht, dass die Begleitumstände sich so
drastisch geändert haben, dass die Techniken auf diese Weise nicht
wirken können, sondern angepasst werden müssen. So war es auch
in der Zeit nach Atlantis, als das Energieniveau der Erde tiefer war
als in Atlantis.

Wer sich erinnert, aktiviert dadurch auch oft die alten Verhaltens-
muster und ungelöste Beziehungen. Immer wieder geht es darum,
einen gemeinsamen Weg zu finden, der dem Wohle der Erde und der
Menschen dient. Ein Beharren auf der Ansicht, dass der eigene Weg
der richtige sei, ist eine Gefahr, die uns immer wieder begegnet – auch
wenn wir nicht an den Seelenmythos von Atlantis glauben.

8.
Warum bin ich hier?

Mit dieser Frage beschäftigen wir uns oft das ganze Leben – und nicht nur wir. Es gibt zahlreiche Ansätze, diese Frage zu beantworten, und es ist verblüffend, zu welchen übereinstimmenden oder auch unterschiedlichen Antworten die verschiedenen Religionen, Kulturen und philosophischen Richtungen kommen. Doch diese Antworten helfen uns meist nicht weiter, denn wir müssen die Antwort auf diese Frage für uns selbst finden. Es geht um unser Leben.

Die Seele kennt die Antwort auf diese Frage. Sie hat die Aufgaben und Lernschritte für dieses Leben gewählt und sich vor der Geburt am Buffet der Möglichkeiten ein Menü zusammengestellt: Erfahrungen, die wir machen wollen; was wir lernen wollen; Aufgaben, die wir übernommen haben; Menschen, denen wir begegnen wollen; manchmal auch etwas Neues, das wir in die Welt bringen wollen, um der Schöpfung zu dienen. Dieses Menü wird Lebensplan genannt.

Lebensaufgabe und Lebensplan

Gerhard und ich saßen uns gegenüber und schauten uns in die Augen. Ziel der Übung war, herauszufinden, weshalb wir uns begegnet sind. Während ich Gerhard ansah, hatte ich den Eindruck, als würden wir immer mehr verschmelzen und auf eine höhere Ebene steigen. Plötzlich öffnete sich der Raum des Erkennens und ich wusste: Wir haben eine gemeinsame Aufgabe, wir wollen etwas in die Welt bringen, etwas, das Menschen auf ihrem Weg unterstützt. Das ist der Hauptgrund, weshalb wir uns begegnet sind und weshalb wir den spirituellen Weg jetzt gemein-

sam gehen. Ich konnte nicht erkennen, was es war, doch ich erhielt eine Ahnung von der Größe der Aufgabe. Vier Jahre später erhielten wir das Angebot der geistigen Ebene, die LichtWesen Essenzen herzustellen.

In dem Buch *The Instruction* von Ainslie MacLeod las ich, dass ein junger Mann durch eine Nahtoderfahrung seine Lebensaufgabe fand. Nachdem er wiederbelebt war, wusste er, dass es seine Aufgabe war, Menschen zu helfen. Da er schon seit seinem fünften Lebensjahr davon träumte, Pilot zu werden, ging er zum Militär und wurde Kampfpilot, promovierte an der Medizinischen Universität der Streitkräfte und wurde schließlich Chirurg. Die Geschichte dieses Flieger-Arztes ging mir nicht aus dem Kopf. Unter der Dusche wurde mir plötzlich bewusst, was mich daran störte. *Klasse*, sagte etwas in mir, *dass ich anderen helfen will, weiß ich schon, seitdem ich Kind bin. Dazu brauche ich kein Nahtoderlebnis. Aber auf welche Weise soll ich das tun? Ich will nicht Flieger-Arzt werden.* Wie Schuppen fiel es mir von den Augen: Wir erwarten genaue Anweisungen von unserer Seele, wenn es um unsere Lebensaufgabe geht, eine Arbeitsplatzbeschreibung oder besser noch, etwas wie die Aufbauanleitung für einen Selbstbauschrank. Zumindest sollte es so etwas sein wie: *Erkunde die Wirkung der Edelsteine und lehre sie anderen Menschen.* Oder: *Werde Heilpraktiker(in), beschäftige dich mit der Heilkraft der Engel und der Kräuter und unterstütze damit Menschen, wieder gesund zu werden.* Allerdings würde es uns nicht gefallen, wenn unsere Seele sagen würde: *Werde Kellner(in), heirate und sorge für deine Kinder und Enkelkinder.* Es soll doch bitte schön etwas Besonderes sein.

Doch leider gibt die Seele keine solchen Anweisungen. Das wurde mir mit einem Mal bewusst. Die Hinweise der Seele sind meist diffuse Gefühle, Wünsche, Ahnungen: Ich möchte mit Kindern arbeiten; andere Menschen unterstützen; heilen; Lachen, Liebe und Licht in die Welt bringen; bewusst und erfüllt leben; Menschen an ihr inneres Leuchten erinnern; den göttlichen Funken entdecken – oder sogar mehreres gleichzeitig. Das ist dann die Lebensaufgabe. Eine

Lebensaufgabe. Denn meistens haben wir mehrere Möglichkeiten im Gepäck.

Die Lebensaufgabe ist kein Ziel, das ins Navigationsgerät Seele eingegeben ist und die Seele leitet dann auf dem schnellsten oder kürzesten Weg zum Zielort. Statt einer detaillierten Landkarte entspricht die Lebensaufgabe eher einer groben Übersichtskarte. Viele Wege und Details sind nicht eingezeichnet. Es gibt zwar klar definierte Elemente, aber sie erlaubt auch, dass wir frei entscheiden. Die Landkarte der Seele enthält unsere Persönlichkeit, welche Erfahrungen wir machen wollen, die Herausforderungen und Schwierigkeiten des Lebens und was wir lernen wollen, welchen Menschen wir begegnen, welche Ängste wir überwinden wollen. Doch wie wir mit diesen Elementen umgehen und welchen Weg wir wählen, ob wir die Erfahrung rechtsherum oder linksherum ansteuern, ob wir die Aufgabe erfüllen oder sie ignorieren, bleibt uns überlassen. Auf jedem Weg machen wir Erfahrungen, die uns dienen und weiterbringen.

Auch wenn der Lebensplan kein Fahrplan ist, so führt uns die Seele doch durchs Leben. Allerdings nicht mit konkreten Anweisungen, sondern eher mit diffusen Visionen, Ahnungen, Wünschen und Sehnsüchten. So war es auch bei mir. Mein Gefühl zeigte mir die Richtung, auch wenn ich das am Anfang nicht erkennen konnte. Zunächst wies die Richtung nicht auf das Ziel, zu dem ich wollte. Das Wohin tauchte erst später auf. Zuerst wurde klar, was ich *nicht* wollte. Das Gefühl ließ mich *weg von* gehen, weg von Verhaltensweisen, weg von emotionalen Zuständen und Zwängen, die mir den Lebenswillen raubten, weg von Menschen, die destruktiv waren. Erst danach brachte das Gefühl mich dazu, an Ausbildungsseminaren teilzunehmen und mit feinstofflichen Energien zu arbeiten. Es bewirkte, dass ich mich mit der geistigen Welt und mit Engeln beschäftigte. Schließlich gab es mir den Mut, die alten Strukturen zu verlassen und Neues in die Welt zu bringen, auch wenn ich damit alleine dastand und Angst hatte, ausgelacht und für verrückt gehalten zu werden. Die Schritte kamen einer nach dem anderen. Erst rückblickend kann ich den Weg erkennen, der mir heute geradlinig und effektiv erscheint. Zwischendurch glaubte ich, dass ich ziellos herumirrte. Vieles, was ich erlebt und gelernt hatte, hielt ich für unbrauchbar und ordnete es in die Rubrik „Das hätte ich mir ersparen können". Doch auch das war ein Trugschluss. Selbst in der Beamtenausbildung lernte ich vieles, was ich später als Seminarleiterin und bei LichtWesen brauchen konnte. Je mehr ich dem diffusen Gefühl, den Impulsen meiner Seele folgte, desto glücklicher und erfüllter wurde mein Leben. Aber auch das bemerkte ich erst im Rückblick.

Ein zentraler Aspekt des Lebensplanes und der Lebensaufgabe ist, Erfahrungen zu sammeln und sich dadurch zu entfalten. Das machen wir unser gesamtes Leben, auf unterschiedliche Weise. Jemand, der zum Beispiel „Heilen" als Thema in seinem Lebensplan hat, muss nicht unbedingt als Heiler arbeiten. Um sich mit dem Thema auseinanderzusetzen und daran zu lernen, gibt es zahlreiche Möglichkeiten: eine eigene Erkrankung, die Erkrankung eines nahestehenden Menschen, die Begegnung mit einem Heiler oder die Faszination für die Wirkung von Kräutern.

Oft habe ich erlebt, dass die Begriffe Lebensplan und Lebensaufgabe bei Menschen unangenehme Gefühle oder sogar Stress auslösen. Manche Menschen waren unglücklich und verzweifelt, weil sie nicht erkennen konnten, was ihre Lebensaufgabe ist. Sie hatten den Eindruck, ihr Leben sei sinnlos, wertlos oder gar verpfuscht, wenn sie ihre Aufgabe nicht erfüllten oder erst gar nicht erkannten. Sie fürchteten sogar, mit Krankheit oder Unglück bestraft zu werden, wenn sie dem Lebensplan nicht folgten. Bei einer solchen Sicht ist es ganz natürlich, dass man Angst und Stress bekommt, wenn der Begriff Lebensaufgabe fällt. Gerade weil die Menschen mit diesem Thema Stress hatten, verengte sich ihre Wahrnehmung und ihr Zugang. Aufgrund ihrer inneren Anspannung konnten sie sich immer weniger mit der Seele und der Lebensaufgabe verbinden. Dass auch die Seele möchte, dass wir dem Lebensplan folge, und uns darin unterstützt, konnten sie sich nicht vorstellen.

Für einige Menschen ist der Begriff Lebensaufgabe problematisch, weil er mit unangenehmen Schulerinnerungen verbunden ist. In der Schule bekommen wir Aufgaben. Lösen wir sie gut, erhalten wir gute Noten, werden anerkannt und gelobt, werden in die nächste Klasse versetzt. Wir müssen uns Mühe geben, fleißig sein, unsere Pflichten erfüllen. Falls wir die Aufgaben nicht richtig lösen oder sie erst gar nicht anfangen, bekommen wir schlechte Noten. Wir werden bestraft, bekommen keine Anerkennung und werden nicht versetzt. Schlechte Noten gibt es auch für „Thema verfehlt". Doch selbst wenn ich meine Lebensaufgabe ignoriere und mich mit ganz anderen Themen beschäftige, hat meine Seele eine wertvolle Erfahrung gemacht. Sie hat erlebt, wie es mir geht, wenn ich meine Lebensaufgabe nicht beachte und die Impulse der Seele ignoriere. Diese Erfahrung ist hilfreich für spätere Leben, denn aus der Unzufriedenheit, dem Leid oder der Frustration, die auftritt, wenn ich der Seele nicht folge, erwächst Kraft. Diese Erfahrung kann eine entscheidende Grundlage sein für ein Leben, in dem ich eine Aufgabe wähle, die von den Mitmenschen nicht akzeptiert wird oder mit der ich gegen den Strom schwimme. Vielleicht bezog Martin Luther seine Kraft aus einer solchen Erfahrung, als er die 95 Thesen an die Schlosskirche von Wittenberg nagelte und sich gegen die Macht der Kirche auflehnte. Außerdem steht die Erfahrung, dem Lebensplan nicht zu folgen, den anderen Mitgliedern der Seelenfamilie zur Verfügung und sie können diese Erfahrung nutzen, ohne sie selbst zu durchleben.

Ein Missverständnis mit dem Begriff Lebensaufgabe ist die Vorstellung, dass es sich um eine einzige Aufgabe handelt, die dazu noch verborgen ist und die man erst finden muss, bevor sie gelöst werden kann. Wie gesagt, die Lebensaufgabe ist eher wie der Titel eines Buches oder eine Überschrift. Auf welche Weise wir die Erfahrungen machen oder die Aufgabe umsetzen, dürfen wir uns aussuchen, denn uns stehen zahlreiche Wege und Möglichkeiten zur Verfügung. Manche funktionieren, andere nicht. Selbst wenn zwei

Menschen die gleiche Aufgabe haben, werden sie diese mit großer Wahrscheinlichkeit auf ganz unterschiedliche Weise umsetzen. Ein Aspekt meiner Lebensaufgabe ist, herauszufinden, wie man bewusst und erfüllt lebt, und dies an andere weiterzugeben. Hätte ich Kinder gehabt, wäre ich mit Leidenschaft Hausfrau und Mutter geworden und hätte mich ganz dieser Aufgabe gewidmet. LichtWesen und die Bücher wären nicht entstanden. Doch dann hätte ich den Gedanken „bewusst und erfüllt leben" an meine Kinder weitergegeben.

Wenn wir zusätzlich zum Thema „Erfahrungen sammeln" eine Aufgabe übernommen haben oder Neues in die Welt bringen möchten, lernen wir zuerst die Grundlagen. Wir besuchen entsprechende Schulen oder Seminare. Wir lesen und begegnen Menschen, die sich mit diesem Thema schon beschäftigt haben. Neben den inhaltlichen Grundlagen lernen wir auch, uns in den sozialen Strukturen zurechtzufinden, so dass wir in der irdischen Welt auch wirken und etwas umsetzen können. Jemand, der eine technische Erfindung macht, braucht nicht nur die technischen Grundlagen und Kenntnisse, er muss auch lernen, wie man mit Menschen zusammenarbeitet und wie man diese Erfindung bauen und in der Welt verbreiten kann. Jemand, der eine neue Gesellschaftsordnung verwirklichen will, muss nicht nur die Grundlagen für die neue Ordnung erarbeiten, er muss auch eine Position erlangen, in der er Einfluss hat und seine Vision umsetzen kann, zum Beispiel als Politiker oder einflussreicher Geschäftsmann. Für meine Arbeit bei LichtWesen brauche ich nicht nur PC-Kenntnisse, sondern auch Wissen zu Buchführung und gesetzlichen Verordnungen.

Wir werden mit den Aufgaben nicht alleine gelassen. Unsere Seele will ja, dass wir die geplanten Schritte machen. Deshalb unterstützt sie uns, selbst wenn wir ihre Impulse nicht verstehen. Wir bekommen Hilfe von unserem Schutzengel, von geistigen Begleitern und auch von Seelenfreunden und Mitgliedern der Seelenfamilie. Sie schaffen zahlreiche Situationen und Möglichkeiten, die Aufgaben zu erkennen, zu erfüllen und daraus zu lernen. Diese Situationen zeigen sich im tagtäglichen Leben und wir können sie nicht verpassen, selbst wenn wir sie nicht als Hinweise der Seele erkennen.

Meiner Wahrnehmung nach sind zurzeit viele ältere und reife Seelen auf der Erde inkarniert. Es sind nicht nur reife Menschenseelen; auch Seelen aus anderen Seelenvölkern, insbesondere Engelseelen, wollen diese Zeit des Wandels miterleben und den Bewusstseinssprung unterstützen. Auch viele Lehrer sind inkarniert, die sich und andere Menschen wieder an ihre Aufgabe und die mitgebrachten Fähigkeiten erinnern wollen und lehren, sein wahres Wesen zu finden, die eigenen Möglichkeiten zu erkennen und sie zum Wohle der Schöpfung einzusetzen. Diese Lehrer wollen sich auch gegenseitig unterstützen.

Wenn der Bewusstseinssprung gelingt, wird es auf der Erde eine neue weiterentwickelte Ebene des Lernens geben. Es wird wie der Wechsel von der Grundschule zum Gymnasium sein. Um dies zu erreichen, müssen viele inkarnierte Wesen im Einklang mit der Schöpfung, ihrer Seele und ihren Möglichkeiten leben.

Es gibt auch reife Seelen, die so oft inkarniert haben, dass sie müde geworden sind. Im Irdischen zeigt sich dies als Lebensmüdigkeit, Resignation und Desinteresse, manchmal sogar als Zynismus.

Ich vermute, die rasante technische und spirituelle Entwicklung der letzten Jahre hat auch damit zu tun hat, dass reife Seelen inkarnieren, die sich an das Wissen aus vergangenen Inkarnationen erinnern oder die Zugang zum Wissenspool haben, der für unsere Zeit zur Verfügung steht. Da Menschen einen freien Willen haben, können sie wählen, wie sie die Fähigkeiten und ihre Erkenntnisse einsetzen. Sie entscheiden, ob sie sich für das Wohl der Erde und der Menschen engagieren oder für ihren eigenen Vorteil. So kann mit den Erkenntnissen und Entwicklungen der Kernenergie und Gentechnik auch Missbrauch getrieben werden, der dazu führen kann, dass der Planet Erde untergeht.

Der vorgeburtliche Planungsraum

Der Raum war lichterfüllt und weit. Tiefe Stille und Frieden umgaben mich. Ich fühlte mich geborgen, zu Hause und voller Kraft. Ohne Mühe konnte ich die vergangenen Leben anschauen und erkennen, was ich gelernt hatte und welche Erfahrungen mir noch fehlten. Vor mir stand mein Seelenbegleiter. Ich wusste, dies ist der Raum, in dem ich die Bedingungen für die jetzige Inkarnation plante. Es war für mich offensichtlich: Thema würde sein, Liebe, Klarheit und Spiritualität zu leben und zu lehren. Nun ging es um die Rahmenbedingungen, die ich dafür wollte. Als würde ich mit einem Einkaufswagen an Regalen mit Angeboten vorbeifahren, suchte ich mir zusammen mit meinem Seelenbegleiter diese Bedingungen aus und legte sie in den Einkaufswagen. Da ich voller Kraft, Freude und Abenteuerlust war, packte ich den Einkaufswagen voll mit Schwierigkeiten: Eltern, für die das Kind zu früh kommt und die eigentlich noch eine Weile ihr junges Glück lieber alleine genossen hätten; Eltern, die das Kind nicht haben wollten; eine Mutter, die während der Schwangerschaft enttäuscht und depressiv ist, weil sie sich ihr Leben ganz anders vorgestellt hatte; körperliches Unwohlsein der Mutter während der Schwangerschaft, was die Ablehnung gegenüber dem entstehenden Leben noch verstärkte; einen enttäuschten Vater, der feststellen musste, dass seine junge Ehefrau beim Zusammenleben ganz anders war, als er es sich vorgestellt hatte; eine zu frühe Hausgeburt in einem kalten Raum mit Eisblumen an den Fenstern; die Einstellung der Eltern „Babys muss man schreien lassen" und die Erfahrung, sich allein und verlassen zu fühlen; der Bauernhof meiner Eltern mit der vielen Arbeit. Manchmal meinte mein Seelenbegleiter, ob das nicht doch etwas viel sei, was ich mir da in den Wagen lege. „Aber nein", entgegnete ich „das kann ich vermutlich alles brauchen. Lieber zu viel als zu wenig. Es sind gute Startbedingungen für meine Aufgabe und meine Entwicklung. Ich habe genug Kraft, das schaffe ich."

Als die Seele in den Fötus wanderte, erlitt ich einen Schock. War es gerade noch hell, weit und kraftvoll gewesen, so spürte ich jetzt die

Enge, Schwere und die Last des irdischen Lebens. Mir war körperlich übel, weil es meiner Mutter übel war. Ich empfand die Ablehnung wie einen Angriff. Ich fühlte mich traurig und deprimiert. Meine Kraft und Klarheit war verschwunden. „So hatte ich mir das nicht vorgestellt", war der Satz, mit dem ich aus der Rückführung zurückkehrte.

Vor einigen Jahren bekam ich diese Bilder in einer Meditation zum Thema „Raum vor der Geburt". Deutlich konnte ich die Zustände und Empfindungen wahrnehmen. Ich erkannte, dass ich selbst die Bedingungen meiner Kindheit ausgesucht hatte und auch, dass ich mir die ganzen Schwierigkeiten selbst eingepackt hatte. Dass man freiwillig inkarniert und sich die Bedingungen selbst wählt, hatte ich zwar gehört, doch das hatte ich bis dahin nicht geglaubt. Ich war der festen Überzeugung, dass ich nicht freiwillig hier war. Zu stark war die Sehnsucht und der Wunsch „zurückzukehren", zu intensiv das Gefühl, nicht hier sein zu wollen. „Wenn ich wirklich selbst gewählt hätte, ob und wie ich inkarnierte, dann hätte ich mir andere Eltern und andere Umstände gewählt", dachte ich. „Dann wäre ich direkt mit Wissen und Freude geboren worden, in einer luxuriösen Umgebung, nicht als Älteste von vier Kindern auf einem Bauernhof." Jetzt wusste ich, es war meine Wahl. Und mir wurde bewusst, dass ich auch im irdischen Leben beim Einkaufen die Tendenz hatte, alles, was ich vielleicht brauchen könnte, in den Einkaufswagen zu legen. Ich kaufte lieber zu viel ein als zu wenig.

Heute kann ich erkennen, wie mir die Bedingungen, die ich gewählt habe, gedient haben. Insbesondere die Erziehung meiner Eltern, mit denen ich viele Jahre gehadert habe, war eine wichtige Vorbereitung. Für meine Eltern war bedingungsloser Gehorsam wichtig. Kinder hatten nichts zu sagen und mussten folgen. „Der Wille steht hinter der Tür beim Besenstiel", pflegte meine Mutter zu sagen. Da meine Eltern einen landwirtschaftlichen Betrieb hatten, musste ich mitarbeiten. Es war ihnen egal, ob ich Lust hatte, müde war oder mit meinen Freundinnen verabredet. Einziger Grund, um nicht mithelfen zu müssen, waren Schulaufgaben. Also konnte Arbeit nur durch andere Arbeit ersetzt werden. Zuwendung oder Anerkennung bekam ich nur bei guten Leistungen oder wenn ich ihren Erwartungen entsprach. Durch diese Struktur lernte ich, meinen Willen zurückzustellen. Heute kann ich dadurch in Demut der höheren Ordnung der Liebe dienen, meinen Willen dem göttlichen Willen unterstellen und über meine Grenzen hinaus arbeiten, wenn es notwendig ist. In den Familienstrukturen lernte ich Disziplin und Ausdauer.

In meiner Familie war es auch nicht üblich, Erwartungen oder Wünsche auszusprechen. Wenn die unausgesprochenen Erwartungen jedoch nicht erfüllt wurden, folgten Sanktionen. Dies war eine hervorragende Schulung der Wahrnehmung. Zusammen mit meinem Bedürfnis nach Harmonie war diese Situation eine gute Voraussetzung, die Gabe der Hellfühligkeit zu entfalten.

In meiner Kindheit gab es auch eine Öffnung für die Verbindung zu geistigen Wesenheiten und Medialität. Meine Großmutter, die mit uns im Haus lebte, konnte mit verstorbenen Ahnen in Kontakt treten und erhielt von ihnen Informationen zu Situationen und Menschen. Oft war ich schockiert, wenn sie mir Ratschläge zu Situationen gab, von denen ich ihr nichts erzählt hatte und von denen sie nichts wissen konnte. „Das haben sie mir gesagt," war ihre schlichte Antwort. Für sie war diese Gabe selbstverständlich und sie redete nur selten darüber.

Die Seele will Erfahrungen machen. Das ist ein Ziel des Lebens. Durch die Erfahrungen entwickelt sich die Seele. Und für diese Entwicklung schafft sie Bedingungen. Im vorgeburtlichen Planungsraum wählt sie den Körper mit seinen Eigenheiten, wie atemberaubende Schönheit oder Gebrechen, die Eltern, die Umgebung, Neigungen, Schwierigkeiten, an denen wir wachsen, manchmal auch eine Erkrankung. So kann sie auch die Erfahrung wählen, mit dem Gefühl geboren zu werden, dass sie nicht freiwillig ins Leben gekommen ist. Außerdem verabredet sich die Seele vor der Geburt mit anderen

Seelen, denen sie im bevorstehenden Leben begegnen will oder mit denen sie zusammenwirken will.

Weiterhin packt sie sich einen Rucksack mit der Verpflegung für die Wanderung durchs Leben. In diesem Rucksack sind alle Fähigkeiten und Gaben enthalten, die für das Leben und die Aufgaben hilfreich sind. Im Rucksack befindet sich auch der Zugang zu den Erfahrungen vergangener Leben, zu Erfahrungen der Seelenfamilie sowie die Verbindung zu geistigen Lehrern und anderen unterstützenden Wesen. Dies entscheidet die Seele vor der Geburt. Doch daran erinnern wir uns in der Regel nicht. Auch das gehört zu den Erfahrungen und Lernschritten und ermöglicht eine freie Entscheidung während des Lebens. Eine jüdische Legende erzählt, dass die Erinnerung an das Wissen der Seele bei der Geburt von einem Engel verschlossen wird, indem er seinen Zeigefinger auf die Oberlippe legt, um den Mund zu versiegeln. Nur noch die kleine Vertiefung zwischen Mund und Nase erinnert an unser vorgeburtliches Wissen. Deshalb wandert unser Zeigefinger manchmal an diese Stelle, wenn wir nachdenken oder versuchen, uns zu erinnern.

Im Vergessen liegt Segen. Wenn wir uns an die Planung und die vorherigen Inkarnationen erinnern würden, wäre das eine enorme Belastung. Wir könnten sehen, welche Schwierigkeiten wir eingepackt haben, was uns bevorsteht und was wir entfalten wollen. Wir wären von den Eindrücken überwältigt. Und wir wüssten auch, welche karmischen Verstrickungen und Lernaufgaben wir mit unseren Eltern und Geschwistern haben, und könnten ihnen nicht unbelastet und neu begegnen.

Die Pakete im Rucksack sind wie Samen. Sie sind potentielle Möglichkeiten, Anlagen, die im Leben ausgepackt, entwickelt und entfaltet werden müssen oder können. Wie beim Rucksack werden die Pakete erst nach und nach zugänglich. Die obenliegenden Pakete müssen erst entnommen werden, bevor man zu den unteren gelangen kann. So wie man sich erst nach der Pubertät fortpflanzen kann, die Anlage dazu jedoch schon seit der Geburt vorhanden ist.

Im vorgeburtlichen Planungsraum erwartet uns ein Buffet an Möglichkeiten. Zusammen mit unserem Seelenbegleiter, der alle unsere bisherigen Leben kennt, stellen wir uns daraus ein Menü für das bevorstehende Leben zusammen. Die Seele kann die ersten Lebensjahre überblicken. Sie kennt die Seelen der Eltern und auch die Seelen der Geschwister. Aber sie kann nicht genau voraussehen, wie sich das Leben entwickeln wird. So wie wir selbst immer wieder unterschiedliche Wege einschlagen und zwischen verschiedenen Möglichkeiten wählen, so können dies auch unsere Eltern.

Meiner Wahrnehmung nach gibt es nur einige wenige Ereignisse, die im Lebensplan vorgesehen sind: die Begegnung mit Menschen wie Seelenpartner oder Lehrer, Angebote oder entscheidende Erlebnisse, manchmal auch Erkrankungen. Doch diese Ereignisse sind Möglichkeiten, die auftauchen. Was wir daraus machen, ob wir sie nutzen oder daran vorbeigehen, ist unsere freie Wahl. Nach dem Erwachen gab einen Zeitpunkt, an dem ich die freie Wahl zwischen zwei Alternativen hatte: Ich konnte auf einer Südseeinsel ein ruhiges und zufriedenes Leben führen oder die Arbeit wählen, die ich jetzt tue. Vor allem, wenn mich die Berge von Arbeit mal wieder erdrücken, frage ich mich, weshalb ich nicht die Insel gewählt habe. Aber diese Frage ist nicht ernst gemeint. Denn im Grunde weiß ich, dass es genau diese Arbeit ist, die mein Leben erfüllt und glücklich macht. Es ist der Weg meiner Seele.

Wenn etwas wichtig ist, bekommen wir die Möglichkeit oder das Angebot mehrmals. Es taucht nicht nur einmal auf. Eine Frau lehnte das Angebot, Seminare zu geben und mit vielen Menschen zu arbeiten, mehrmals ab, obwohl sie genau wusste, dass dies ihr nächster Schritt war. Die Möglichkeiten tauchten so lange auf, bis sie so weit war und mit den Seminaren begann. Sabrina Fox hat dafür ein anschauliches Bild: Das Leben ist kein Bus, sondern ein Busbahnhof. Es kommen immer wieder neue Busse, die uns in die Richtung fahren, in die wir wollen. Besser gesagt, die Seele schickt immer wieder neue Busse, die uns zum nächsten Punkt des Lebensplanes bringen.

Die Erfahrungen vergangener Leben, man könnte auch sagen, die Inhalte der Bücher aus der Urseelenbibliothek sind Grundlage für die weiteren Erfahrungen und Leben. Doch uns stehen nicht immer alle Bücher zur Verfügung. Wenn wir inkarnieren, wählen wir unsere Erfahrungen und Aufgaben für das nächste Leben. Dann wählen wir auch, zu welchem Wissen und zu welchen Erfahrungen wir Zugang bekommen können. In die freigegebenen Bücher können wir während der folgenden Inkarnation hineinschauen, die anderen bleiben uns verschlossen. Je nach Inkarnation steht uns eine größere oder kleinere Zahl an Büchern zur Verfügung. Wählen wir das Leben einer einfältigen Magd, ist die Zahl der Bücher sehr gering, falls wir überhaupt Zugang haben. Wählen wir das Leben eines Erfinders, Heilers oder Lehrers, stehen uns viele Bücher offen. Dies ist vermutlich auch der Grund dafür, warum uns manche Sprachen, manche Tätigkeiten oder Wissensgebiete sehr vertraut erscheinen und wir sie leicht lernen. Wir haben Zugang zu einem Leben, in dem wir uns dieses Wissen und die Techniken schon einmal angeeignet haben, und diese Erfahrung steht uns jetzt unbewusst wieder zur Verfügung. Dies ist aber auch die Ursache, weshalb wir gegen manche Gebiete und Themen eine Abneigung spüren oder besondere Mühe damit haben. Traumen und unangenehme Erfahrungen versperren den Zugang. So erzählte mir eine Frau, dass sie sehr sprachbegabt sei und zahlreiche Sprachen spreche, unter anderem Japanisch, doch dass sie mit Französisch große Probleme habe. In einer Rückführung fand sie ein traumatisches Ereignis in einem früheren Leben in Frankreich, das zur Ablehnung dieser Kultur und Sprache führte.

Für die Inkarnation steht eine Anzahl an Büchern mit Wissen und Fähigkeiten zur Verfügung. Doch das heißt nicht, dass wir sie auch in die Hand nehmen und lesen. Selbst dann, wenn wir sie lesen, uns das vergangene Wissen also zufließt, ist es noch nicht umgesetzt und im Leben wirksam. Meiner Beobachtung nach haben Menschen einen größeren Zugang, als sie nutzen. Sie könnten mehr Bücher ihrer Bibliothek lesen, doch diese bleiben unberührt im Regal stehen.

Nicht alles kommt aus unserer eigenen Bibliothek. Menschen, die Neues in die Welt bringen wollen, wie Erfinder, Heiler und Philosophen, haben zusätzlich zu ihrer eigenen Bibliothek einen Zugang zur Zentralbibliothek wie der Akasha-Chronik. Sie erhalten plötzlich Ideen, Einsichten, Bilder, Erkenntnisse, die bisher unbekannt waren.

• • •

Meditation Vorgeburtlicher Planungsraum

Für einen Moment beobachte deinen Atem und erlaube, dass sich mit deinem Atem Ruhe und Entspannung vertiefen und dein Blick sich in deine innere Welt richtet. Dann erscheint vor dir die Treppe, die dich in deinen Seelenraum führt. Du folgst der Treppe und jede Stufe bringt dich näher zu deinem Seelenraum. Nachdem du den Seelenraum betreten hast, schaust du dich um. Wie sieht dein Seelenraum heute aus? Wie fühlst du dich hier?

Nachdem du dich im Seelenraum umgeschaut hast, betritt dein Seelenbegleiter wieder den Raum. Nachdem er dich begrüßt hat, zeigt er auf eine Tür mit der Aufschrift „Vorgeburtlicher Planungsraum". Es ist der Raum, in dem du mit deinem Seelenbegleiter dieses Leben geplant hast. Gemeinsam geht ihr zur Tür, öffnet sie und betretet den dahinterliegenden Raum.

Nachdem du den Raum betreten hast, schau dich um. Wie sieht dieser Raum aus, welche Farben und Gegenstände gibt es, wie ist das Licht?

In diesem Raum spürst du auch die Kraft und Schwingung, die du hattest, als du dich für dieses Leben entschieden hast. Es ist die Schwingung deines wahren Wesens, die dich nun wieder ganz umgibt und einhüllt. Sie erfüllt dein Energiesystem und deinen Körper, und dadurch erinnerst du dich auch in deinem Wachzustand mehr und mehr an dein wahres Wesen.

Du kannst die Kraft und Schwingung dieses Raumes und deines wahren Wesens jetzt noch eine Weile wirken lassen.

Dann ist es an der Zeit, diesen Raum wieder zu verlassen. Zusammen mit deinem Seelenbegleiter kehrst du durch die Tür zurück in den Seelenraum, begibst dich zur Treppe und folgst ihr zurück in das Hier und Jetzt. Atme einige Male tief ein und aus und beginne dich zu bewegen. Beende die Meditation mit den Worten „Wach sein".

* * *

MEDITATION GESCHENKE DER ERZIEHUNG

Für einen Moment beobachte deinen Atem und erlaube, dass sich mit deinem Atem Ruhe und Entspannung vertiefen und dein Blick sich in deine innere Welt richtet. Dann erscheint vor dir die Treppe, die dich in deinen Seelenraum führt. Du folgst der Treppe und jede Stufe bringt dich näher zu deinem Seelenraum. Nachdem du den Seelenraum betreten hast, schaust du dich um. Wie sieht dein Seelenraum heute aus? Wie fühlst du dich hier?

Nachdem du dich im Seelenraum umgeschaut hast, betritt dein Seelenbegleiter wieder den Raum. Er begrüßt dich und zeigt dann auf eine Tür mit der Aufschrift „Raum des Verstehens". Gemeinsam geht ihr zur Tür, öffnet sie und betretet den dahinterliegenden Raum.

Nachdem du den Raum betreten hast, schaust du dich um. Wie sieht dieser Raum aus, welche Farben und Gegenstände gibt es, wie ist das Licht? Wieder spürst du die Kraft deines wahren Wesens.

Nun deutet dein Seelenbegleiter auf eine Leinwand, die sich im Raum befindet. Die Leinwand ist eingehüllt in das heilende Licht des Verstehens und der Liebe. Wenn du dich zur Leinwand wendest, um deutlich zu erkennen, was sich darauf befindet, wird das heilende Licht größer und hüllt auch dich ein. Dein Seelenbegleiter

*erklärt dir, dass jetzt auf der Leinwand eine Struktur deiner Erzie-
hung erscheint, die für dein Leben wichtig war. Es kann sein, dass
du mit dieser Struktur noch keinen Frieden geschlossen hast, dass es
dich noch schmerzt, wenn du daran denkst. Dieser Schmerz kann
nun durch das Licht der Heilung, das dich umgibt, heilen.*

*Nun erscheint auf der Leinwand eine Situation aus deiner Kind-
heit, eine Erziehungsstruktur, eine Begebenheit, eine Verhaltens-
weise deiner Eltern oder Geschwister. Durch das Licht der Heilung
wird dir bewusst, wie dir diese Situation gedient hat, was du
daraus gelernt hast und welches Geschenk in dieser Situation für
dich lag.*

*Vielleicht kannst du die Situation weiterverfolgen, erkennen, wann
sie wieder aufgetreten ist und was sich für dich daraus entwickelt
hat. Ganz klar erkennst du im Licht der Heilung die Fähigkeit,
die sich durch dieses Erlebnis in dir herauskristallisiert hat. Dies
wird dir jetzt oder später bewusst.*

*Vielleicht hast du den Wunsch, deinen Eltern oder Geschwistern für
diese Erfahrung zu danken, obwohl sie dich geschmerzt hat.*

*Während nun das Bild auf der Leinwand verblasst, wird das Licht
der Heilung um dich herum besonders intensiv. Es fließt in deinen
Körper und dein Energiesystem und integriert die Erfahrung und
die Erkenntnis.*

*Dann ist es an der Zeit, diesen Raum wieder zu verlassen. Zusam-
men mit deinem Seelenbegleiter kehrst du durch die Tür zurück
in den Seelenraum, begibst dich zur Treppe und folgst ihr zurück
in das Hier und Jetzt. Atme einige Male tief ein und aus und
beginne dich zu bewegen. Beende die Meditation mit den Worten
„Wach sein".*

• • •

Meditation zu Fähigkeiten und Wissen

Diese Meditation unterstützt darin, den Zugang zu Fähigkeiten und Wissen zu öffnen, die jetzt gebraucht werden. Hinweise bekommen wir allerdings nur, wenn die Zeit reif ist. Falls wir nach Wissen fragen, das uns noch verschlossen ist, bekommen wir keine Informationen. Es ist aber auch möglich, dass sich zuerst die Blockaden zeigen, die den Zugang verschließen. In beiden Fällen, wenn Sie entweder keine Informationen erhalten oder wenn Blockaden sichtbar werden, können Sie den Bibliothekar oder Ihren Seelenbegleiter nach den Gründen fragen. Sie erhalten auch Auskunft, was Sie tun können. Vor der Meditation sollten Sie das Thema auswählen, zu dem Sie Informationen erhalten wollen. Dies kann eine Fähigkeit sein wie Heilen, Schreiben, Malen oder das erworbene Wissen eines vergangenen Lebens. Es ist jedoch auch möglich, kein Thema zu nennen und den Bibliothekar oder den Seelenbegleiter zu bitten, die Informationen auszuwählen, die jetzt für Sie wichtig sind.

Diese Meditation führt Sie in die Erinnerung der Seele. Es ist möglich, dass Sie beim ersten Versuch noch keine Informationen oder Bilder erhalten. Deshalb empfiehlt es sich, die Meditation zu wiederholen. Mit jeder Wiederholung wird die Bibliothek vertrauter und der Zugang leichter.

Für einen Moment beobachte deinen Atem und erlaube, dass sich mit deinem Atem Ruhe und Entspannung vertieft und dein Blick sich in deine innere Welt richtet. Dann erscheint vor dir die Treppe, die dich in deinen Seelenraum führt. Du folgst der Treppe und jede Stufe bringt dich näher zu deinem Seelenraum. Nachdem du den Seelenraum betreten hast, schaust du dich um. Wie sieht dein Seelenraum heute aus? Wie fühlst du dich hier?

Nachdem du dich im Seelenraum umgeschaut hast, betritt dein Seelenbegleiter wieder den Raum. Er begrüßt dich und zeigt dann auf eine Tür mit der Aufschrift „Bibliothek des Lebens". Gemein-

*sam geht ihr zur Tür, öffnet sie und betretet den dahinterliegenden
Raum, der gefüllt ist mit Regalen voller Bücher.*

*Nachdem du den Raum betreten hast, schau dich um. Wie sieht
dieser Raum aus, welche Farben und Gegenstände gibt es, wie
ist das Licht? Gibt es eine Musik oder einen Duft? Wie fühlst du
dich hier?*

*Nachdem du dich im Raum umgeschaut hast, entdeckst du auch
eine Tastatur und einen Bildschirm, neben dem ein Wesen steht.
Ohne dass sich dieses Wesen vorgestellt hat, weißt du, dies ist der
Bibliothekar, das Wesen, das sich in dieser Bibliothek auskennt und
dir hilfreich zur Seite steht. So kannst du dich mit deiner Bitte oder
deinem Thema an den Bibliothekar wenden und ihm das Thema
jetzt nennen. Du kannst aber auch den Bibliothekar oder deinen
Seelenbegleiter bitten, das passende Thema auszuwählen.*

*Nachdem das Thema genannt wurde, fragt der Bibliothekar dich,
ob du die Informationen lieber in einem Buch nachlesen möchtest
oder ob du sie auf dem Bildschirm sehen willst. Anschließend holt
er für dich das Buch, in dem die gewünschte Information enthalten
ist, und reicht es dir, wobei die richtige Stelle bereits aufgeschlagen
ist. Du kannst aber auch selbst in dem Buch blättern und es dir
genauer anschauen.*

*Oder der Bibliothekar gibt das Thema in den elektronischen Ka-
talog ein und du erhältst die Informationen auf dem Bildschirm.
Du kannst anschließend auch selbst ein Stichwort eingeben oder
dir verwandte Themen anzeigen lassen.*

*Nachdem du die Informationen erhalten hast, hüllt dein Seelen-
begleiter dich in ein besonderes Licht der Heilung und Integration,
das nun eine Weile wirkt. Dann ist es Zeit, diesen Raum wieder
zu verlassen. Auf deine Weise kannst du dich beim Bibliothekar
bedanken. Anschließend gehst du durch die Tür wieder zurück in
den Seelenraum. Du kannst wählen, ob du die Tür schließt oder
offen lässt.*

Vom Seelenraum begibst du dich wieder zur Treppe, die dich in die irdische Realität zurückbringt, und folgst ihr. Zum Abschluss kannst du einige Male tief einatmen, dich bewegen und strecken und diese innere Reise beenden mit den Worten „Wach sein".

• • •

Die Sprache der Seele

Die Lebensaufgaben, die wir für das bevorstehende Leben wählen, erkennen wir an unseren Neigungen und Begabungen. Sie sind Grundlage, um die uns gestellten Aufgaben zu erfüllen. Darüber hinaus ist auch die Seele bemüht, mit uns in Verbindung zu treten. Sie wirkt über Impulse. Diese Impulse sind Visionen, Gedanken, Eingebungen und Wünsche, manchmal auch nächtliche Träume. Meist sind es keine klaren Bilder, sondern sie zeigen sich als diffuses Gefühl, als Ahnung.

Ein Weg der Seele, uns mit der Lebensaufgabe zu verbinden, ist der Wunsch, den viele auch als Herzenswunsch bezeichnen. Er enthält die Kraft der Sehnsucht. Der Wunsch ist verbunden mit Kraft, Energie, Durchhaltevermögen, Inspiration; er ist die Grundlage dafür, dass sich Visionen manifestieren. Der Wunsch treibt an, etwas zu tun, die inneren und äußeren Widerstände zu überwinden und durchzuhalten. Dies ist ein deutlicher Unterschied zu den Aufgaben, die wir in der Schule bekommen. In der Schule erfüllen wir unsere Aufgabe selten, weil wir den Wunsch haben, sie zu lösen. Wir erfüllen sie aus Pflichtgefühl, in der Hoffnung auf gute Noten oder aus Angst vor schlechten Beurteilungen. Deshalb fällt es vielen Menschen schwer, einen Zusammenhang zwischen dem inneren Wunsch, der Freude an einer Arbeit oder einer Technik und der Lebensaufgabe herzustellen.

Der Wunsch wird vom Verstand und unserer Prägung bewertet. Wenn jemand das Bild oder den Wunsch hat, neue Führungsstrukturen in Unternehmen zu bringen, vor großem Publikum zu reden, als Heiler zu arbeiten, zu reisen und dabei vielen unterschiedlichen Menschen zu begegnen oder zu lehren, tauchen innere Widerstände und Zweifel auf: „Das kann ich nicht; das bilde ich mir ein; jetzt bin ich größenwahnsinnig; am besten spreche ich mit niemandem darüber, damit ich nicht ausgelacht oder ausgegrenzt werde." Diese Zweifel lassen uns zögern oder verhindern sogar, dass wir dem Wunsch folgen. Doch wenn wir dem Wunsch, dem Impuls der Seele nicht folgen, werden wir traurig, unzufrieden, frustriert, fühlen eine immer stärker werdende innere Anspannung. Die Sehnsucht wird immer größer. Oft können wir nicht einmal benennen, wonach wir uns sehnen. Ist die Sehnsucht stark genug, beginnen wir die Suche nach dem, was uns fehlt, oder besser gesagt, nach dem, was diese Sehnsucht stillt und uns erfüllt. Sehnsucht, Traurigkeit und Unzufriedenheit sind der Motor, der uns so lange vorantreibt, bis wir gefunden haben, wie wir erfüllt und in Einklang mit der Seele leben können. Deshalb sind diese Gefühle wirkungsvolle Botschaften der Seele.

Wird die innere Anspannung aus der Diskrepanz zwischen unserem Leben und dem Seelenimpuls zu groß, kann sie den Körper krank machen. Die meisten Menschen wurden durch persönliche Krisen oder Krankheit zum spirituellen Weg geführt. So war es auch bei mir. Wenn keine Notwendigkeit für eine Veränderung besteht, haben wir die Tendenz, an der bestehenden Situation festzuhalten, auch wenn wir spüren, dass Veränderung ansteht.

Doch nicht jede Krankheit ist die Folge eines nicht gelebten Lebensplanes. Oft erkennt man selbst die Ursache für die körperlichen Beschwerden oder die Schwierigkeiten im Leben nicht, weil man genau an der Stelle einen blinden Fleck hat. Das ist bei mir nicht anders. Ich schätze es daher, mir bei ausgebildeten Beratern Unterstützung zu holen, damit ich die Schwierigkeiten leichter überwinden kann.

Auch aus unserer Seelenfamilie und von Seelenfreunden erhalten wir Hilfe, die Seelenaufgabe zu erkennen und dem Weg der Seele zu folgen. So können zum Beispiel Mitglieder der Seelenfamilie oder

Seelenfreunde als leibliche Kinder inkarnieren und so erkranken, dass die herkömmliche Medizin machtlos ist. Diese Situation führt oft dazu, dass man in der alternativen Medizin und im geistigen Heilen nach einem Ausweg sucht und dabei selbst diesen Weg betritt und zum Heiler wird.

Neben dem Wunsch oder der Idee sendet die Seele ihre Impulse auch durch die Fragen und Bitten anderer Menschen. In einem Gespräch wurde ich gefragt: „Weißt du denn, was deine Seele jetzt will?" – „Ich will Menschen erinnern", war meine spontane Antwort. Ich konnte deutlich wahrnehmen, dass dies die Antwort meiner Seele war und sich damit eine Tür öffnete, obwohl mein Verstand konterte: „Das mache ich doch schon die ganze Zeit. Das kann also nicht der nächste Schritt sein." Trotzdem war mir klar, dass etwas Neues beginnen würde. Was, das wurde erst in den folgenden Wochen sichtbar. Durch die Begegnung mit Thomas Göbel kam ich immer mehr in Kontakt mit meiner Seele und dem Seelenbegleiter, so dass ich auf dem nächsten Rainbow-Festival über dieses Thema sprechen und meine Erfahrungen mitteilen wollte. Das große Interesse am Vortrag und die Fragen der Zuhörer gaben den Anstoß, die Erkenntnisse und Techniken als Buch zur Verfügung zu stellen.

Die Seele führt uns, durch Impulse und Situationen, durch Menschen, die uns begegnen. Falls wir die Zeichen der Seele nicht verstehen, gibt sie zusätzliche Hinweise und Wegweiser. Immer wieder bieten sich uns neue Möglichkeiten und Situationen. Im Zusammenwirken mit dem Schutzengel und den anderen geistigen Helfern kann die Seele auch Situationen schaffen, die uns „motivieren". Ein wirksames Mittel ist Geldmangel. Das beobachte ich in letzter Zeit häufig. Menschen mit einem großen Potential, die oft schon wissen, dass sie eine Aufgabe haben und etwas in die Welt bringen wollen, verdienen mit ihrer Arbeit, mit den Einzelsitzungen oder Seminaren nicht genug Geld. Sie sind gezwungen, aktiver zu werden, mehr Menschen anzusprechen, kraftvoller zu wirken, entschlossener und mutiger zu handeln. Oder sie setzen sich intensiv mit der Frage auseinander, was sie in die Welt bringen wollen, was ihnen wichtig ist, ob das, was sie bisher getan haben, noch aktuell ist und dem gegenwärtigen Lebensplan entspricht. Wenn ich sie frage, ob sie auch so entschlossen handeln würden, wenn sie keine Geldsorgen hätten, antworten sie spontan und eindeutig mit „Nein".

Nachdem wir den Impuls der Seele oder die Vision verstanden haben, beginnt die Umsetzung. Das ist Aufgabe des Verstandes und unseres irdischen Anteils, denn nun geht es um die irdischen Strukturen, die gesellschaftlichen Möglichkeiten, die Begegnung und Zusammenarbeit mit Menschen. Auch wenn wir mit der Seele in Einklang leben, treten bei der Umsetzung der Aufgaben immer wieder Schwierigkeiten, Herausforderungen und zahlreiche Möglichkeiten auf. Im Bild des Pferdegespannes weist die Seele als Lotse zwar den Weg, doch der Wagenlenker muss die Pferde lenken und die Schwierigkeiten des Weges meistern. Der Wagenlenker bestimmt auch die Geschwindigkeit, mit der er das Gespann vorantreibt – und er muss die Geschwindigkeit seinen Fähigkeiten und dem Können der Pferde anpassen. Es wird nicht alles leicht, wenn wir dem Lotsen Seele folgen, zumal wir uns ja auch immer wieder mit dem widerspenstigen Pferd auseinandersetzen müssen. Dennoch ist der Weg leichter zu bewältigen, wenn wir der Seele folgen, denn uns steht dann mehr Kraft, Klarheit, Gelassenheit und Lebensfreude zur Verfügung. Der Einklang mit dem Seelenplan führt auch zu innerem Frieden.

Die Seele kennt den Weg und führt uns. Deshalb brauchen wir nur den aktuellen Impulsen zu folgen, die anstehenden Schritte zu tun. Mehr sehen wir oft auch nicht. Für unseren Verstand ist das schwierig. Der möchte wissen, wohin der Weg uns führt, der möchte wissen, was hinter der nächsten Wegkreuzung auf uns wartet, was er erreichen soll. Er erzeugt Gefühle von Unsicherheit, Zweifel, innere Anspannung, wenn er den Weg nicht überblicken kann und nur den nächsten Schritt sieht. Rückblickend erkennen wir zwar, wie die Ereignisse des Lebens uns gedient haben und wie die Seele uns geführt hat, doch in der Situation selbst plagt uns Unsicherheit.

Auch mir ging es so. Lange Zeit konnte ich keinen Weg oder Plan erkennen. Ich dachte, ich verzettele mich, ich mache zu viel oder zu wenig oder das Falsche, ich sollte noch mehr Ausbildungen machen oder damit aufhören und endlich anfangen, selbst etwas zu tun. Erst rückblickend erkenne ich, wie sich mein Leben aufgebaut hat: die Ausbildung in der Kindheit; die Ehe, die mich auf den Weg brachte; ein Selbsterfahrungsseminar, das mich mit spiritueller Arbeit in Berührung brachte; eine Freundin, die mich zu Reiki führte, wodurch die Begeisterung für feinstoffliche Techniken geweckt wurde; die Ausbildung in verschiedenen feinstofflichen Techniken, in Hypnose und Meditation; die LichtWesen Essenzen mit der damit verbundenen Schulung, Ideen in die materielle Wirklichkeit zu bringen und mich in den irdischen Strukturen zurechtzufinden; das Erwachen und nun das Thema Seele. Auch in den vielen kleinen Herausforderungen und Schwierigkeiten, die mir begegnet sind, kann ich eine „Ausbildung" erkennen zu dem, was ich heute tue. Auch wenn ich die Führung rückblickend erkennen kann und weiß, dass ich nur den nächsten Schritt wissen und gehen muss, fragt mein Verstand doch immer noch, wohin die Reise führt, was nach dem nächsten Schritt kommt und was mich am Ende erwartet.

• • •

MEDITATION FÄHIGKEITEN UND WISSEN ENTFALTEN

Für einen Moment beobachte deinen Atem und erlaube, dass sich mit deinem Atem Ruhe und Entspannung vertiefen und dein Blick sich mehr und mehr in deine innere Welt richtet. Dann erscheint vor dir die Treppe, die dich in deinen Seelenraum führt. Du folgst der Treppe und jede Stufe bringt dich näher zu deinem Seelenraum. Nachdem du den Seelenraum betreten hast, schaust du dich um. Wie sieht dein Seelenraum heute aus? Wie fühlst du dich hier?

Nachdem du dich im Seelenraum umgeschaut hast, betritt dein Seelenbegleiter den Raum und begrüßt dich. Dann spricht er zu dir: „Für dieses Leben hast du dir zahlreiche Fähigkeiten und Möglichkeiten eingepackt, mehr als du bisher entdeckt hast. Ich möchte dir nun behilflich sein, eine dieser Fähigkeiten, eine Möglichkeit oder auch Wissen, das jetzt für dich wichtig ist, auszupacken, so dass es dir zur Verfügung steht." Nachdem er dies gesprochen hat, reicht er dir ein eingewickeltes Päckchen. „Dieses Päckchen enthält das, was für dich in der nächsten Zeit wichtig ist. Du kannst entscheiden, ob du es jetzt oder später auswickelst und an dich nimmst." Nachdem er dies gesprochen hat und du das Päckchen angenommen hast, kannst du es jetzt auspacken und einstecken, du kannst es aber auch erst später auspacken. Wenn das Päckchen ausgewickelt ist, wird diese Fähigkeit, die Möglichkeit oder das Wissen sich so in dir und dein Leben integrieren, dass du es jederzeit nutzen kannst.

Falls du Fragen zum Inhalt des Päckchens hast, kannst du diese dem Seelenbegleiter jetzt stellen. Falls der Seelenbegleiter einen Hinweis oder eine Botschaft für dich hat, erhältst du sie jetzt, und sie wird dir jetzt oder später bewusst werden.

Wenn du möchtest, kannst du den Seelenbegleiter auch bitten, dich dabei zu unterstützen, die erhaltene Gabe in dein Leben zu integrieren und zu entfalten.

Nun ist es Zeit, diesen Raum wieder zu verlassen. Auf deine Weise kannst du dich beim Seelenbegleiter bedanken. Dann begibst du dich wieder zur Treppe und folgst ihr zurück in das Hier und Jetzt, machst einige tiefe Atemzüge, beginnst dich zu bewegen und beendest die Meditation mit den Worten „Wach sein".

• • •

Warum bekomme ich keine Verbindung?

Blockaden, Traumen und innere Widerstände erschweren die Verbindung zur Seele und zum Lebensplan. Blockaden entstehen zu unserem Schutz. Sie verhindern, dass wir zu früh mit Wissen, Erkenntnissen oder Fähigkeiten in Berührung kommen, die uns belasten würden. Auch die sogenannten abgespaltenen Seelenanteile sind nicht weg. Es sind Anteile der Seele, die blockiert sind und zu denen wir keine Verbindung haben, obwohl sie uns in diesem Leben zur Verfügung stehen sollten.

Es gibt zwei Arten von Blockaden: die bewusst gesetzten Blockaden und Blockaden, die entstanden sind aus den Traumen vergangener Leben. Wir blockieren Fähigkeiten und Gaben bewusst, damit sie sich nicht zu früh entfalten. In den ersten Jahren des Lebens geht es darum, sich in den irdischen Strukturen zurechtzufinden. Wir wollen die sozialen Gefüge verstehen und erkennen, wie sie funktionieren. Wir wollen uns entfalten, unsere Möglichkeiten im irdischen Umfeld erkunden und lernen, in der irdischen Welt zurechtzukommen. Wir lernen laufen, reden, schreiben, lesen, analytisch denken, die gesellschaftlichen Regeln und den Umgang mit anderen. Ohne Erinnerung an Vergangenes starten wir unbelastet in die neue Zeit. Wenn wir uns von Geburt an erinnern würden, wäre der Verstand überlastet. Die Erinnerungen würden auch den Kontakt zu Menschen, mit denen wir unangenehme karmische Verwicklungen haben, erschweren. Wir würden diejenigen, die uns in einem vergangenen Leben geschadet haben, nun meiden und vermutlich auch diejenigen, bei denen wir eine Schuld haben. Das Karma könnte nicht ausgeglichen werden, denn dafür ist eine neue Begegnung und ein Kontakt notwendig.

Karma entsteht aus vergangenen Handlungen. Wenn ein Mensch zum Beispiel das Versprechen gegeben hat, seinen Partner nie zu verlassen, und er trennt sich dennoch, kann sich dies in einem anderen Leben auswirken. Begegnen sich die beiden Personen wieder, muss das Versprechen entweder aufgelöst, ausgeglichen oder eingelöst werden. Das Karma kann auch dadurch ausgeglichen werden, dass nun der ehemals Verlassene dem Partner das Versprechen gibt, ihn nie zu verlassen, und diesmal geht er. So haben beide ein Versprechen gegeben und die Erfahrung gemacht, dass es gebrochen wurde. Wenn man jemandem Unrecht zugefügt hat und es im vergangenen Leben nicht ausgeglichen wurde, muss auch dieses Karma in einem anderen Leben gelöst werden.

Oft schützen uns die Blockaden auch vor schmerzlichen Erfahrungen. Kinder, die hellsichtig sind und die Aura der Menschen und geistige Wesen wahrnehmen können, haben es schwerer als Kinder, bei denen diese Fähigkeit verschlossen ist. Manche aura-sichtige Kinder werden sogar vom Psychologen behandelt, weil angenommen wird, dass bei ihnen eine psychische Störung vorliegt. Bei mir wurde die Hellsichtigkeit im Alter von drei Jahren durch ein Schockerlebnis blockiert. Bis zu meinem 30. Lebensjahr war sie vollständig verschlossen. Erst als ich mit Reiki und Meditation begann, öffnete sie sich wieder. Es dauerte allerdings Jahre, bis ich diese Fähigkeit in der Stärke wieder aktiviert hatte, wie ich sie in der Kindheit hatte. Rückblickend kann ich sagen, dass mein Weg dadurch leichter wurde. Da ich sehr harmoniebedürftig war, hätte mich die Diskrepanz zwischen meinem Wunsch nach Harmonie und der Wahrnehmung der Umgebung zerrissen. So lernte ich zuerst, in der Welt zurechtzukommen und zu meiner Meinung und Wahrheit zu stehen.

Blockaden zu überwinden ist wie Hanteltraining. Wir werden dadurch bewusster und verstärken unsere Kraft. Wenn sich Blockaden lösen, hat sich etwas in uns verändert, und dieser neue innere Zustand muss sich dann auch im Leben integrieren. Die Gewohnheit des Alten und das Unbehagen mit dem veränderten Zustand können dies schwierig machen. Eine Frau berichtete, dass sie in einer Meditation sehen konnte, wie ihre Blockaden sie einschnürten. Sie bat einen Engel, die Schnüre zu durchtrennen. Als sie frei war, fühlte sie sich nackt und schutzlos.

Auch durch traumatische Erlebnisse vergangener Leben blockieren wir Fähigkeiten. Oft beenden wir ein Leben, in dem wir für die Erfüllung unserer Aufgabe umgekommen sind, mit dem Satz: „Nie wieder werde ich …" Auch ich habe in meinem Leben viele solcher „Nie wieder" entdeckt, als ich begann, meine Fähigkeiten zu entfalten. Nie wieder werde ich meine ganze Kraft für die Erfüllung meiner Aufgabe einsetzen, nie wieder werde ich mich ganz auf das irdische Leben einlassen, nie wieder will ich reich sein, nie wieder werde ich auffallen. Als ich sehen konnte, dass es eine meiner Aufgaben war, vor anderen Menschen zu sprechen, tauchte sofort das Bild auf, dass ich oben auf einem Berg stehe und spreche; am Fuße des Berges stehen viele Menschen und hören mir zu, und dann enthauptet mich jemand von hinten. Ein anderes Trauma war mit dem Thema Heilen verbunden. Ich sah ein Leben im Mittelalter, in dem ich als Hexe auf dem Scheiterhaufen verbrannt wurde. Meine letzten Worte waren: „Nie wieder werde ich heilen." Doch als ich dieses Leben genauer betrachtete, sah ich, dass ich nicht deshalb umgekommen war, weil ich geheilt hatte. Ich lebte als Heilerin in einem Dorf. Als ein kranker Mann zu mir kam, sagte meine innere Stimme deutlich: „Den nicht. Lass die Finger davon." Doch ich folgte der Stimme nicht und behandelte den Mann. Und genau dieser Mann zeigte mich an. Ich war also letztlich nicht gestorben, weil ich geheilt hatte, sondern weil ich nicht auf meine innere Stimme hörte. Mit dieser Erkenntnis war ein Teil der Blockade geheilt. Es kann daher hilfreich sein, sich die Blockaden genau anzuschauen. Die Traumen haben den Blick gefangen. Wenn wir die wahren Ursachen für die traumatischen Erfahrungen finden und verstehen, öffnet sich das Wissen oft wieder und steht für die jetzige Inkarnation zur Verfügung.

Wenn die Zeit reif ist, die Blockaden zu erkennen und zu lösen, stehen uns auch die Hilfsmittel zur Verfügung. Das berichtete mir eine Frau, die sich, einem Impuls folgend, das LichtWesen Schönheitselixier in den Mund gesprüht hatte. In diesem Moment öffneten sich die Bilder zu Atlantis. Sie sah, dass sie ihr Wissen als Priesterin an

Menschen weitergegeben hatte, die noch nicht reif dafür waren und die es für ihre egoistischen Interessen statt zum Wohle anderer nutzten. So hatte sie zum Untergang von Atlantis beigetragen und entdeckte den Satz: „Nie wieder werde ich Wissen weitergeben." Obwohl sie wusste, dass sie in diesem Leben ihr Wissen wieder weitergeben sollte, bekam sie Angst und Halsprobleme, wenn sie vor Menschen sprach oder kleine Gruppen leitete. Durch das Schönheitselixier und durch die Erkenntnis verstand sie, dass sie ihr Wissen nicht wahllos weitergeben durfte, sondern dass sie auf ihre innere Stimme hören sollte. Die Fähigkeit zu erkennen, wie weit Menschen entwickelt sind und auch, wer bereit ist für dieses Wissen, hatte sich schon entfaltet.

Ein Channelmedium, bei dem der Kontakt zu einem geistigen Lehrer durch das Schreiben entstanden war, berichtete mir, dass sie immer wieder an ihrer Fähigkeit zweifelte, obwohl sie von den Klienten und Freunden, für die sie die Durchsagen niederschrieb, Bestätigung bekam. Dann wurde ihr bewusst, dass sie selbst ihre klaren Aussagen, die beim Schreiben in Meditation ohne Wertung des Verstandes durchkamen, durch Ergänzungen und Kommentare nach der Meditation wieder verwässerte und ihnen damit die Kraft nahm. Als sie beim geistigen Lehrer nachfragte, weshalb dies so sei, zeigte er ihr ein vergangenes Leben, in dem sie als Seherin umgebracht worden war, weil ihre Aussagen klar und kompromisslos waren und nicht den Erwartungen der herrschenden Kaste entsprachen.

Auch die Blockaden aus vergangenen Leben halten die Fähigkeiten so lange zurück, bis wir reif dafür sind. Wir könnten die Blockaden bereits in der Zwischenebene verarbeiten und auflösen. Durch die größere Kraft und Klarheit wäre es da viel leichter möglich. Wenn wir die Blockaden während des Lebens lösen, lernen wir, bewusst damit umzugehen, und stärken unsere Kraft. Das ist so wie beim Hanteltraining: Die schweren Hanteln können wir erst heben, wenn wir mit den kleinen trainiert haben.

Wenn wir das Lösen von Blockaden an unsere geistigen Begleiter und die Engel abgeben, fällt es meistens leichter, denn wir selbst neigen dazu, zu schnell und zu radikal vorzugehen: Jetzt sollen alle blockierenden Fähigkeiten so schnell wie möglich gelöst werden. Mülleimer auf, Blockaden rein, Mülleimer zu. Ob unser System diese Veränderung verkraftet und ob wir damit im Leben zurechtkommen, darüber denken wir oft nicht nach. Die Engel haben einen größeren Überblick und kennen den effektivsten und gleichzeitig sanftesten Weg, die Blockaden aufzulösen. Und sie wissen auch, welche Blockaden jetzt gelöst werden dürfen.

Für mich ist die kraftvollste Heilung die Energie des Erzengels Raphael mit seinen Engeln der Heilung. In Meditationen verbinde ich mich mit seiner Kraft und bitte ihn, das zu heilen, was jetzt geheilt werden kann und soll. Das hat den Vorteil, dass nur das geöffnet wird, was jetzt für mich ansteht. Würde sich der Zugang zu Wissen, Fähigkeiten und den Bildern zur Vergangenheit zu schnell öffnen, würde das den Verstand – der Teil in uns, der uns unterstützt, das Wissen in der Welt umzusetzen – überfordern.

• • •

MEDITATION ZUM LÖSEN VON BLOCKADEN

Für einen Moment beobachte deinen Atem und erlaube, dass sich mit deinem Atem Ruhe und Entspannung vertiefen und dein Blick sich mehr und mehr in deine innere Welt richtet. Dann erscheint vor dir die Treppe, die dich in deinen Seelenraum führt. Du folgst der Treppe und jede Stufe bringt dich näher zu deinem Seelenraum. Nachdem du den Seelenraum betreten hast, schaust du dich um. Wie sieht dein Seelenraum heute aus? Wie fühlst du dich hier?

Nachdem du dich im Seelenraum umgeschaut hast, betritt dein Seelenbegleiter zusammen mit einem Engel den Raum. Der Engel hat eine kraftvolle, heilende Ausstrahlung und er nennt seinen Namen. Es ist ein besonderer Engel der Heilung, ein kraftvolles Wesen, das dir nun seine liebevolle Heilkraft zur Verfügung stellt, um eine Blockade zu lösen und zu heilen, die jetzt geheilt werden kann und darf. Er lädt dich ein, es dir bequem zu machen, und dann hüllt er dich in ein besonderes Licht der Heilung. Während das Licht immer intensiver wird und dein Energiesystem und deinen Körper erfüllt, kannst du auf deine eigene Weise wahrnehmen, was das Licht in dir bewirkt. Du erlebst, wie sich eine Anspannung, eine Blockade, ein Trauma löst, wie sich dann dieser Bereich mit dem heilenden Licht auffüllt und dadurch eine neue Ordnung, eine neue Harmonie entsteht. Vielleicht wird dir auch bewusst, was gelöst wurde und welche Auswirkung das auf dein Leben hat.

Nun kannst du das Licht der Heilung noch eine Weile genießen, und du kannst auch zulassen, dass es deinen ganzen Körper und dein gesamtes Energiesystem harmonisiert und nährt.

Nun ist es Zeit, diesen Raum wieder zu verlassen. Auf deine Weise kannst du dich bei dem Engel der Heilung bedanken. Dann begibst du dich wieder zur Treppe und folgst ihr zurück in das Hier und Jetzt, machst einige tiefe Atemzüge, beginnst dich zu bewegen und beendest die Meditation mit den Worten „Wach sein".

• • •

Innere Widerstände

Wenn wir unserer Seele und dem Lebensplan nahekommen, tauchen innere Widerstände auf. Es gibt einen Teil in uns, der möchte verhindern, dass wir dem Seelenplan folgen. Das Bild vom Pferdegespann trifft gut: Das eine Pferd ist willig und möchte den Anweisungen und Wünschen der Seele folgen; es möchte den Weg nehmen, den es geführt wird. Das andere Pferd ist unwillig und bockig. Ich weiß nicht, ob es dafür einen Sinn oder eine Ursache gibt oder ob es einfach eine Folge der Dualität ist. Wir bewegen uns zwischen den Polen und auch in uns gibt es diese beiden Pole. Der eine will „wieder zurück zu Gott", der andere dreht ihm den Rücken zu, mal mehr, mal weniger.

Wir können uns wieder erinnern. Wenn es uns dann gelingt, ist der Verstand zunächst überwältigt. Doch schnell reagiert er skeptisch, zweifelnd und ablehnend gegenüber dem, was wir entdecken. So ging es auch mir, als sich im letzten Jahr die Tür öffnete und ich Kontakt zu meiner Seele mit ihrem Wissen und zu meinem Seelenbegleiter bekam. Das Wissen war da – gleichzeitig zweifelte mein Verstand und weigerte sich, dies zu akzeptieren und sich damit zu zeigen. Zu oft hatte ich in der Vergangenheit unangenehme Erfahrungen damit gemacht, dass ich anders dachte oder etwas ausprobierte, das unüblich war. „Pioniere sind die mit dem Messer im Rücken", pflegt eine Freundin zu sagen.

Die inneren Widerstände entstehen auch aus der Angst, wieder umzukommen. Grenzerfahrung und -überschreitung machen Angst, auch die Reise ins Unbekannte, die mit dem Weg der Seele verbunden ist. Die Mittel, mit denen das widerspenstige Pferd verhindern will, dass wir dem Seelenweg folgen und uns seiner Meinung nach wieder in Gefahr begeben, sind Angst, Panikgefühle, Zweifel, Trägheit, Faulheit, sich nicht verändern wollen, in extremen Fällen auch Sucht und Depression.

Innere Widerstände sind oft nicht als solche erkennbar. Sie passen sich unserem Muster und unserer Konditionierung an und arbeiten mit den Empfindungen und Gedanken, die uns vertraut sind und uns vernünftig erscheinen: Ich kann das nicht; ich bin noch nicht so weit; ich muss noch mehr lernen; andere sind besser; ich kann sowieso nichts bewirken; wer bin ich, dass ich mir einbilde, das zu können. Wir zweifeln an unserer Wahrnehmung, zweifeln an unseren Fähigkeiten, sind verwirrt und können dies auch mit Argumenten untermauern. Wenn wir auf dem Weg von menschlichen Lehrern begleitet werden, tauchen ähnliche Widerstände auf: Diese Hilfe kann ich nicht (mehr) annehmen; ich blamiere mich, wenn ich ehrlich über meine Schwierigkeiten und inneren Sätze spreche; diejenigen, die mich unterstützen, müssen mich für blöde halten, ich sage lieber nicht zu viel. Die Sätze wirken subtil, denn sie beinhalten einen wahren Kern. Deshalb können sie nicht einfach als falsch abgetan werden. Im Laufe meines Lebens habe ich die Vielschichtigkeit der Sätze immer mehr erkennen können. Wenn der Satz „*Mir fehlt Vertrauen*" verhindert, dass ich beginne, etwas zu tun, erscheint mir der Satz logisch und reicht als Begründung für meine Untätigkeit aus. Doch letztlich brauche ich kein Vertrauen, um zu beginnen. Ich kann auch ohne Vertrauen mit einer Tätigkeit beginnen. Das ist dann zwar schwerer und anstrengender, weil Zweifel und Ängste mich hemmen, doch ich kann auch mit Zweifeln und Ängsten wirken. Das Vertrauen stellt sich meist im Laufe der Zeit ein, wenn ich Erfahrungen mache und meine Fähigkeiten trainiere. Wenn ich nicht anfange, kann ich das Stadium, „so weit zu sein", nicht erreichen. Eine Frau haderte lange Zeit mit dem Hinweis, den sie in einer Meditation bekommen hatte, dass Karma nicht nur durch äußeren Ausgleich aufgelöst werden könnte, sondern dass es dafür auch einen schnelleren Weg gäbe. Anstatt sich mit der Frage zu beschäftigen, wie das denn möglich wäre, blockierte sie die weiteren Schritte durch die Frage, ob dieser Hinweis nicht nur aus ihrer Faulheit und Bequemlichkeit käme.

Der innere Widerstand kann auch den Zugang zum Seelenraum blockieren. Obwohl man einige Zeit dem Seelenbegleiter in der Meditation problemlos begegnet ist, bekommt man plötzlich keine Bilder mehr oder schläft ein, sobald man den Seelenraum betritt, unabhängig davon, ob man ausgeruht oder erschöpft ist, ob man die Meditation morgens oder abends macht.

Das widerspenstige Pferd arbeitet auch mit Bequemlichkeit und Faulheit. Wir wissen genau, was der nächste Schritt ist, was wir tun und verwirklichen wollen, und zweifeln auch nicht daran. Aber wir schieben die Umsetzung auf: Heute bin ich zu erschöpft, morgen habe ich einen Termin, nächste Woche ist zu viel zu tun. Irgendwann ist die Kraft des Impulses verebbt. Bequemlichkeit und die Macht der Gewohnheit lassen uns zögern und lenken uns ab. Dabei ist es gleichgültig, wie weit man sich schon entwickelt hat. Diese Widerstände treten in immer neuen Gewändern wieder auf, auch als spirituelle

Überheblichkeit oder als spirituelles Ego: „Ich bin schon so weit, ich brauche nicht mehr an mir zu arbeiten; ich sehe alles klar und habe keinen blinden Fleck mehr." Wir neigen dazu, gesicherte Zustände und Güter nicht zu ändern, denn jede Veränderung ist ein Schritt ins Ungewisse, in die Unsicherheit und löst Angst aus.

Auch Zögern, Festhalten und Zweifel sind Erfahrungen für die Seele. Für mich war es hilfreich, die inneren Widerstände nicht als Gegner oder Saboteur zu sehen, sondern als Wächter. Ich gehe davon aus, dass die inneren Widerstände eine positive Absicht haben: Sie wollen uns schützen; sie wollen, dass es uns gut geht; sie wollen, dass wir unsere Stellung, unsere Sicherheit und unsere Freunde behalten. Mit dieser Haltung kann ich den Widerständen freundlich begegnen, ihnen danken und sie entweder verabschieden oder sie als Wächter einstellen. Wenn ich die positive Absicht des Widerstandes entdeckt habe, bitte ich ihn, so als würde ich eine Person bitten, über mich zu wachen und mir nur Bescheid zu geben, wenn ich mich seiner Meinung nach in Gefahr begebe. Die restliche Zeit soll er bitte still sein. Ich erläutere ihm auch, dass seine Aufgabe nur daraus besteht, mich aufmerksam zu machen. Wenn ich mich dann trotzdem entschließe, den Schritt zu tun, so soll er mich darin unterstützen und mir den besten Weg dafür zeigen.

Kosmische Logistik

Manchmal begegnen wir „zufällig" Menschen, die später eine besondere Stellung in unserem Leben einnehmen. Wir geraten „zufällig" in Situationen oder uns fallen „zufällig" Artikel oder Bücher in die Hand, die einen wichtigen Hinweis enthalten oder Klarheit schaffen. Diese „zufälligen" Ereignisse nenne ich kosmische Logistik. Auch sie entstehen aus den Impulsen der Seele. Immer wieder stelle ich fest, wie genial das funktioniert. Dadurch ist auch mein Vertrauen in diese Kraft des Universums gewachsen und mein Leben ist stressfreier geworden.

Eine Bekannte erzählte mir, dass sie längere Zeit körperliche Schmerzen hatte, ohne dass die Ärzte etwas diagnostizieren konnten. Als sie ein Konzert in einer Kirche an einem Wallfahrtsort besuchte, hatte es an dem Tag so viele Messen gegeben, dass die Luft von Weihrauch erfüllt war. Ihre Schmerzen lösten sich innerhalb von zehn Minuten auf, kamen aber nach dem Konzert wieder. Daraufhin nahm sie Weihrauchkapseln und ihre Schmerzen verschwanden ganz.

Vor einiger Zeit hatte ich ein Seminar in Husum, an dem auch Bekannte aus Darmstadt teilnahmen. Ich kam aus Richtung Bremen, weil ich vorher in Oldenburg einen Vortrag hatte, meine Bekannten kamen von Süden – und auf der Elbbrücke fuhren sie direkt hinter mir. Wenn wir es geplant hätten, dann hätten wir das nicht geschafft.

Auch beim Treffen des Lebenspartners wirkt die kosmische Logistik. Ein Bekannter lernte seine Partnerin in den USA kennen. Als sein Termin mit einem Geschäftspartner kurzfristig abgesagt wurde, überlegte er, ob er spazieren gehen sollte, hatte aber keine rechte Lust. Doch genau in dem Moment fiel ein Sonnenstrahl durchs Fenster und er ging doch spazieren. Auf dem Spaziergang begegnete er einer Frau, in die er sich sofort verliebte. Ihr ging es genauso, und es stellte sich heraus, dass sie ebenfalls Deutsche war und gerade „zufällig" geschäftlich in den USA. Ich kenne einige Menschen, die ihren Lebenspartner durch solche „Zufälle" kennenlernten. Dennoch treffe ich immer wieder Menschen, insbesondere Frauen, die fürchten, dass dies nur anderen passiert. Obwohl sie aus ihrem Leben zahlreiche Beispiele für dieses kosmische Wirken kennen, zweifeln sie im Punkt Lebenspartner, dass es ihrer Seele und der kosmischen Logistik gelingt, sie mit dem passenden Partner zusammenzubringen.

Die kosmische Logistik kann ich auch bitten, etwas zu tun. Ich hatte mich mit einer Freundin verabredet, die in Zürich wohnt. Wir wollten uns abends treffen, da ich nachmittags noch einen Termin in der Innenstadt hatte. Unerwartet musste meine Freundin auch in die Innenstadt und sie bat die Engel, dass sie mich in der Stadt trifft, damit sie direkt mit mir zurückfahren konnte statt mit der Tram. Eigentlich hätte es nicht funktioniert, denn ich war in einem anderen Stadtbereich. Aber auf dem Rückweg habe ich mich so verlaufen, dass ich ihr über den Weg lief.

Auch die Technik der Bestellungen beim Universum zähle ich zur kosmischen Logistik.

Abschied vom Körper und Eintritt ins Jenseits

Der Tod ist wie ein Umzug. Die Seele, das belebende Prinzip des physischen Körpers, verlässt den Körper und wechselt in die jenseitige Welt. Dadurch hört der physische Körper auf zu funktionieren.

Bei einem natürlichen Tod oder beim Tod nach längerer Krankheit verlässt die Seele den Körper nicht erst am Tag des Sterbens. Der Wechsel beginnt schon Tage vorher, bei manchen Menschen sogar Wochen, Monate oder Jahre. Dies habe ich bei alten Menschen, insbesondere wenn sie apathisch oder verwirrt sind, häufig wahrgenommen. Es scheint, als sei nur noch ein Bruchteil ihrer Seele, die früher den Körper ausfüllte und belebte, anwesend. Der Mensch wirkt wie eine funktionierende Maschine ohne Seele, ohne Anteilnahme am Jetzt, ohne Aufmerksamkeit und Bewusstheit. Auch das ist eine Erfahrung für die Seele, und diese Erfahrung kann sehr wertvoll sein. Besonders dann, wenn Menschen in ihrem Leben die Macher waren, alles beherrschten und alles alleine konnten, ist ein Abschluss, bei dem sie hilflos und machtlos sind, wie ein integrierender Pol. Zwar ist der Mensch auch nach der Geburt hilflos, aber da fehlte ihm die Erfahrung der eigenen Selbständigkeit. Wenn er die Hilflosigkeit am Ende seines Lebens erlebt, weiß er, dass er die Fähigkeit, alleine und selbständig zu handeln, verloren hat. Er muss sich helfen lassen, um überleben zu können, und diese Hilfe auch annehmen. Dies ist oft eine schwierige Lernaufgabe.

Wenn die Seele beim Sterben den Körper verlässt, wird sie von helfenden Wesenheiten begleitet. Der Schutzengel und der Seelenbegleiter sind an ihrer Seite: der Schutzengel, um sich zu verabschieden und seinen Dienst zu beenden, der Seelenbegleiter, um die Stelle des Schutzengels zu übernehmen. Denn der Seelenbegleiter begleitet uns in der jenseitigen Welt. Dort ist er gleichzeitig Schutz, Lehrer und Vermittler. Er kennt unseren Lebensplan und die Entwicklung der Seele. Er weiß, was wir während der Inkarnation durchgemacht haben, welche Erfahrungen wir gesammelt haben und was die Seele in der Zeit zwischen den Leben integrieren und lernen will.

Im Jenseits verarbeitet die Seele zunächst das vergangene Leben. Zusammen mit dem Seelenbegleiter und geistigen Lehrern werden die Erfahrungen nochmals angeschaut und dann eingeordnet. Einiges wird geheilt und mit Erfahrungen früherer Leben verknüpft, um ein erweitertes Wissen zu schaffen. Anderes wird auf Wiedervorlage gelegt. Sätze mit „Nie wieder werde ich …" oder „Ich will immer …" werden in späteren Leben wieder aufgegriffen und verarbeitet. Wir haben Vorlagen für Zukünftiges geschaffen, Identifizierungen und Abhängigkeiten, Neigungen und Abneigungen, emotionale Verstrickungen mit anderen Menschen, die noch nicht ausgeglichen sind. Wir haben Versprechungen, Worte, Eide gegeben und manche nicht eingelöst. Dies erscheint ebenfalls in einem späteren Leben. Im Buddhismus wird dies „Samen des Karma" genannt.

Im Jenseits findet auch ein Kontakt und Austausch mit der Seelenfamilie statt, denn die Seelenfamilie ist eine Lerngemeinschaft. Die Erfahrungen der Seelenverwandten stehen auch den anderen Familienmitgliedern zur Verfügung. So finden ein Austausch und ein Abgleichen statt, abgesehen von der Freude des Wiedersehens und dem Auftanken in der Liebe und Geborgenheit.

Ist das Buch des Lebens für die Seelenbibliothek, die Urseele geschrieben, wird es ins Regal gestellt, und das vergangene Leben ist damit abgeschlossen.

Zwischen dem Abschluss des vergangenen Lebens und der Vorbereitung auf das nächste Leben liegt oft eine Phase der Erholung, des Lernens und des Weiterentwickelns. Diese Phase kann einige hundert Jahre dauern. Manche Seelen übernehmen in dieser Zeit auch Aufgaben. So können sie zum Beispiel als geistige Begleiter, Lehrer und Schutzengel für Mitglieder der Seelenfamilie oder andere Menschen tätig sein.

Früher konnte ich mir nicht vorstellen, dass ich mein Leben freiwillig gewählt habe. Heute weiß ich, dass ich jedes Mal die freie Wahl habe, ob ich inkarniere. Da die Seele nicht wertet, da sie Leben nicht als schrecklich oder wundervoll einordnet, sind die Ereignisse des Lebens für die Seele nicht belastend. Sie will Erfahrungen sammeln und Aufgaben erfüllen.

Frei zu sein vom Rad der Wiedergeburten war lange Zeit auch ein Grund für meinen Wunsch zu erwachen. Ich hatte gehört, dass dieser Kreislauf durch das Erwachen beendet wird, und ich wollte nicht wieder inkarnieren. Seit meinem Erwachen, seitdem ich weiß, dass ich frei bin vom Kreislauf der Wiedergeburten, weiß ich auch: Ich werde wieder inkarnieren. Freiwillig.

Es gibt Seelen, die sich verpflichtet haben, solange zu inkarnieren, „bis auch der letzte Grashalm erleuchtet ist". Diese Wesen werden im Buddhismus *Bodhisattvas* genannt. Aus Mitgefühl und Liebe sind sie Lehrer der Menschen und inkarnieren immer wieder. Natürlich erleben sie dabei auch die Schwere und Anstrengung, die mit einem Leben im Körper verbunden ist. Sie erleben Trauer und Schmerz. Je nachdem, wo sie geboren werden, müssen sie sich erst die Bedingungen schaffen, um wirken zu können. Sie müssen durch Kindheit, Pubertät und Erwachsensein. Sie müssen die kulturellen Gegebenheiten lernen, in denen sie wirken wollen. Sie müssen den Zugang zu den Menschen finden. Vermutlich gibt es Bodhisattvas, denen das Leben und Wirken Spaß macht, auch wenn sie eine Aufgabe erfüllen wollen.

• • •

MEDITATION SEELENANTWORTEN

Diese Meditation ermöglicht, von der Seele eine Antwort auf Fragen oder zu Situationen zu bekommen. Mit dem Wissen der Seele können Zusammenhänge und Ursachen aus einer anderen Sichtweise betrachtet und verstanden werden, denn die Seele hat Zugang zum Lebensplan und nutzt auch die Weisheit des Höheren Selbst und von begleitenden Wesenheiten. Sie können diese Meditation mit jeder Frage durchführen, die Sie beschäftigt. Wählen Sie das Thema vor der Meditation, so dass Sie es im Seelenraum nennen können. Es ist aber auch möglich, keine Frage zu stellen und es dem Seelenbegleiter oder der Seele zu überlassen, das Thema zu wählen. Auch wenn Sie in der Meditation keine Antwort bekommen, so wird sich durch den Kontakt mit der Seele und durch die Kraft des Seelenlichtes etwas in Ihnen entfalten.

Für einen Moment beobachte deinen Atem und erlaube, dass sich mit deinem Atem Ruhe und Entspannung vertiefen und dein Blick sich mehr und mehr in deine innere Welt richtet. Dann erscheint vor dir wieder die Treppe, die dich in deinen Seelenraum führt. Du folgst der Treppe und jede Stufe bringt dich näher zu deinem Seelenraum. Nachdem du den Seelenraum betreten hast, schaust du dich um. Wie sieht dein Seelenraum heute aus? Wie fühlst du dich hier?

Nachdem du dich im Seelenraum umgeschaut hast, betritt dein Seelenbegleiter wieder den Raum und begrüßt dich. Während dein Seelenbegleiter dir näher kommt, spürst du seine Ausstrahlung und wie du durch diese liebevolle Kraft immer mehr zu dir und zum inneren Frieden findest.

Nun lädt dein Seelenbegleiter dich ein, ihm die Frage oder das Thema zu nennen, zu dem du Hinweise deiner Seele erhalten möchtest. Du kannst es aber auch deinem Seelenbegleiter oder deiner Seele überlassen, das Thema zu wählen.

Nachdem das Thema gewählt ist, legt der Seelenbegleiter seine Hand auf eine Stelle deines Körpers und aktiviert dadurch dein Seelenlicht, den Seelenaspekt im Körper. Durch die Berührung des Seelenbegleiters beginnt das Seelenlicht kraftvoller zu werden. Es ist möglich, dass es sich ausdehnt. Das Seelenlicht löst und klärt die Blockaden, die jetzt gelöst werden können. Durch die Aktivierung des Seelenlichtes stellt sich in dir eine neue Harmonie zwischen der Seele, deinem Körper, dem Verstand und dem Wachbewusstsein, deinem Willen und der Intuition her.

Auf deine Weise kannst du nun wahrnehmen, was in dir passiert, während das Licht deiner Seele dich immer mehr erfüllt.

Mit dem Leuchten deines Seelenlichtes wird dir auch die Antwort der Seele auf die Frage oder zum Thema bewusst. Auf deine eigene Weise erhältst du die Antwort. Sie kann ein Gefühl, ein Gedanke, ein Bild, ein inneres Wissen sein. Es kann aber auch sein, dass du sie auf eine ganz andere Weise erhältst.

Mit der Antwort wird dir etwas bewusst und etwas in dir heilt. Das Seelenlicht stabilisiert nun auch die Verbindung zwischen deinem Körper und deinem Energiesystem und zwischen dir und deiner Seele. Nun ist noch Zeit, das Wirken des Seelenlichtes in dir für eine Weile zu genießen.

Dann nimmt der Seelenbegleiter seine Hand wieder von deinem Körper und das Seelenlicht nimmt die Größe an, die jetzt richtig ist.

Wenn du möchtest, kannst du dich bei deinem Seelenbegleiter bedanken.

Nun ist es Zeit, diesen Raum wieder zu verlassen. So begibst du dich zur Treppe und folgst ihr zurück in das Hier und Jetzt, machst einige tiefe Atemzüge, beginnst dich zu bewegen und beendest die Meditation mit den Worten „Wach sein".

• • •

9.
Was die Verbindung zur Seele unterstützt

Wie viele Menschen auf dem spirituellen Weg habe auch ich Seminare besucht, Techniken gelernt und verschiedene fein- und grobstoffliche Mittel ausprobiert. Die Vielfalt der Angebote ist beeindruckend. Durch die Entwicklung der letzten Jahre öffnet sich für immer mehr Menschen der Zugang zu feinstofflichen Energien. Das bedeutet nicht nur, dass immer mehr Menschen offen sind für die Wirkung dieser Kräfte, es heißt auch, dass es immer mehr Menschen gibt, die feinstoffliche Techniken und Schwingungsessenzen anbieten. Das erschwert dem Anwender die Auswahl. Die feinstofflichen Essenzen unterscheiden sich durch das Schwingungsniveau, die Reinheit der Energie, die Trägersubstanzen, in der Wirkung und auch in der Qualität. Ich denke, das ist normal. Dieses Phänomen findet sich nicht nur im esoterischen Bereich, sondern bei allen Neuheiten und Erfindungen. Am Anfang gab es nur eine Firma, die Autos herstellte, heute werden sie weltweit gebaut. Im esoterischen Bereich tauchte dieses Phänomen auch bei den Channelings (Botschaften aus der geistigen Welt, die von sogenannten „Kanälen" oder Medien empfangen werden) auf. Vor Jahren gab es nur wenige Menschen, die Zugang zu höheren Bewusstseinsebenen hatten und deshalb Botschaften aus diesen Ebenen erhielten. Der Zugang war wie ein schmaler Pfad, den nur ausgebildete Menschen gehen konnten. Je mehr Menschen durch ihre Entwicklung den Zugang öffneten, desto breiter wurde der Weg und desto leichter konnten auch Neulinge Botschaften empfangen.

Heute gibt es zahlreiche Menschen, die Botschaften aus geistigen Ebenen erhalten. Manche wissen nicht einmal, aus welcher Ebene ihre Botschaft stammt und ob das Wesen, das die Botschaft übermittelt, eine hochschwingende, liebevolle Kraft ist oder der niederen Astralebene angehört. Daher hat die Qualität der Channelings, die heute angeboten werden, eine große Bandbreite.

Das große Angebot hat auch einen Vorteil, man könnte sogar sagen, einen Sinn. Würde es nur eine oder wenige Essenzen geben, nur wenige Empfänger von Botschaften aus der geistigen Welt, bräuchte der Mensch nicht zu wählen und auf seine innere Stimme zu hören. Er würde, wenn er für eine solche Hilfe offen ist, das einzige Angebot nehmen, ohne vergleichen zu können. Bei der Vielzahl an Essenzen, Techniken, Seminaren und Botschaften gibt es nun passende und hilfreiche, aber auch andere, die nicht passen oder sogar nachteilig wirken. Daher sind wir gefordert, für uns zu entscheiden, was passt. Denn wir besitzen einen inneren Wegweiser. Es ist unsere innere Weisheit, die Intuition, die innere Stimme. Sie hilft uns, das für uns Passende zu finden.

Die geeignete Frage für die Auswahl eines Werkzeuges, wie beispielsweise eine Essenz, eine energetische Technik oder ein Seminar, lautet nicht: „Ist das gut oder schlecht?" Das Seminar oder die Essenz, die für mich gut, weil passend und wirksam ist, kann für meine Freundin wertlos sein. Die Fragen: „Ist das jetzt für mich unterstützend?" und „Passt das jetzt zu mir?" sind für die Entscheidung besser geeignet. Auch der Zeitpunkt ist wichtig: „Passt das *jetzt* für mich?" Was heute für mich noch nicht passt, kann morgen stimmen, weil ich den dafür notwendigen Entwicklungsschritt gemacht habe.

Es gibt zahlreiche energetische Werkzeuge, die Menschen unterstützen, das Energiesystem zu klären, Blockaden zu lösen und den Energiefluss zu harmonisieren. Dazu gehören Techniken wie Reiki, Touch of Oneness, Prana Healing, Kinesiologie und Mittel wie Bachblüten, Homöopathie, Aura Soma und LichtWesen. Ich selbst nutze Meditationen und die Essenzen von LichtWesen, um

Blockaden zu lösen und mich mit meinem wahren Wesen und der Seele zu verbinden. Das liegt nicht daran, dass Gerhard und ich die LichtWesen Essenzen herstellen. Die energetisierten Produkte von LichtWesen, die es seit 1995 gibt, sind für mich ein Geschenk aus der geistigen Welt, das Menschen kraftvoll und gleichzeitig liebevoll unterstützt.

Seitdem ich mich intensiver mit dem Thema Seele beschäftige, ist einiges entstanden, was den Zugang und die Verbindung zur Seele unterstützt. Wie schon beschrieben, öffnete sich durch die Verbindung zur Seele die Erinnerung an das Schönheitselixier. Es erhielt diesen Namen aus der geistigen Welt, auch wenn die Wirkung weit über die körperliche Ebene hinausgeht. Das Schönheitselixier stellt die Verbindung zur Seele und zum Wissen der Seele wieder her und öffnet den Zugang zu bisher verborgenem Wissen und Fähigkeiten. Eine Anwenderin berichtete: *„Direkt nach dem Aufsprühen wurde ich traurig. Ich hatte den Eindruck, dass die Traurigkeit wie der Riegel vor altem Wissen war. In der darauffolgenden Nacht kam ich mit einer Energie in Kontakt, die mir sehr vertraut war, zu der ich bisher aber noch keinen Zugang hatte. Ich wusste, dass ich nun mit dieser Energie arbeiten sollte."*

Im Schönheitselixier wirken die Kräfte der Pflanzen Damaszener Rose und Lilie der Seychellen, die Energie der Edelsteine Smaragd, Bergkristall und Perle, das opalfarbene Licht und Kräfte aus der geistigen Ebene sowie die der Aufgestiegenen Meister Lao Tse und Maria und dem goldenen und silbernen Strahl der Elohim.

Auch um gezielt Blockaden zu lösen, bestimmte Themen zu bearbeiten und Fähigkeiten zu stärken nutze ich die LichtWesen Essenzen. Seit Jahren begleiten sie mich auf dem Weg, und ich bin immer wieder erstaunt, welche Kraft sie haben und dass sie mich immer wieder zu neuen Erkenntnissen und Erfahrungen führen.

Zusammen mit dem Seminar Seeleneinweihung entstand der Seelenkristall. Der Seelenkristall intensiviert die Verbindung zum Wissen der Seele und zu den Fähigkeiten und Gaben, die wir entfalten wollen. Darüber hinaus verstärkt er auch die Verbindung zum Seelenbegleiter, der uns zur Seite steht.

Das Seminar „Einweihung in die Seelenenergie" verstärkt ebenfalls die Verbindung zur Seele, zum Wissen der Seele und zum Lebensplan. Meine Schwester Marianne Merckens und ich „erinnerten" uns an die Techniken nach der Begegnung mit Thomas Göbel. Wir beide haben das Bild, dass wir auch in vergangenen Leben die Aufgabe hatten, Menschen wieder mit ihrer Seele und mit dem Wissen der Seele zu verbinden, und deshalb Zugang zu den Techniken bekamen.

Um leichter in den Seelenraum zu kommen und mit dem inneren Heiler und dem Seelenbegleiter Kontakt aufzunehmen, entstand zusammen mit der sanften und berührenden Musik von Merlin's Magic die CD *Seelenraum – Zugang zur Seele und zu geistigen Helfern* (Windpferd Verlag). Für mich sind solche geführten Meditationen sehr hilfreich, vor allem, wenn ich Informationen zu Themen erhalten will, die mich emotional berühren oder belasten. Ohne die äußere Führung der Stimme und der Musik schweift mein Verstand zur Waschmaschine, zum Einkaufszettel und zur Frage, ob ich meiner Freundin schon vom letzten Kinobesuch erzählt habe. In geführten Meditationen kann ich mich leichter auf das Thema und die Antworten der Seele konzentrieren.

Eine ausführlichere Beschreibung der Wirkung der Essenzen und Kristalle und Informationen zur geistigen Welt, den Engeln und den Aufgestiegenen Meistern finden sich in den Büchern *LichtWesen Meisteressenzen, Hilfe aus der geistigen Welt* und *Engel begleiten uns* (alle Windpferd Verlag).

Literaturhinweise

Göbel, Thomas: „Merlynn des Avalonordens ddraig goch y yvys avalach" (mündliche Mitteilung 2007).

Gosztonyi, Alexander: *Anatomie der Seele.* Aitrang (Windpferd), 2002.

Hasselmann, Varda, u. Schmolke, Frank: *Welten der Seele.* München (Goldmann/Arkana), 1993.

Hasselmann, Varda, u. Schmolke, Frank: *Archetypen der Seele.* München (Goldmann/Arkana), 9. Aufl. 2005.

Hasselmann, Varda, u. Schmolke, Frank: *Die Seelenfamilie.* München (Goldmann/Arkana), 2001.

Jüttemann, Gerd, Sonntag, Michael, u. Wulf, Christoph (Hrsg.): *Die Seele – ihre Geschichte im Abendland.* Göttingen (Vandenhoeck & Ruprecht), 2005.

Karta, Lama: *Buddhismus.* München (O. W. Barth), 5. Aufl. 2005.

MacLeod, Ainslie: *The Instruction.* Oberstdorf (Windpferd), 2008.

Platon: *Philebos Timaios Kritias.* Frankfurt a. M. (insel taschenbuch), 1991.

Sogyal Rinpoche: *Das tibetische Buch vom Leben und vom Sterben.* Bern, München, Wien (O. W. Barth), 1993 ff.

Wikipedia – Enzyklopädie im Internet. www.wikipedia.de

Über die Autorin

Dr. Petra Schneider, Jahrgang 1960, ist Meditationslehrerin, ganzheitliche Lebensberaterin (feinstoffliche Energien, die geistige Welt, Engel und Aufgestiegene Meister) und Bestsellerautorin („Engel begleiten uns"). Sie gibt Seminare zur ‚Einweihung in die Seelenenergie' in D, A und CH und lebt in Süddeutschland.

Informationen zum Seelenkristall, Schönheitselixier und den anderen LichtWesen Produkten erhalten Sie unter www.lichtwesen.com, info@lichtwesen.com und telefonisch unter 06157-15020.

Informationen zum Begriff der Seele in den Religionen, im Abendland und in den Schöpfungsmythen finden Sie unter www.seeleneinweihung.com. Dort finden Sie auch Informationen zum Seminar „Einweihung in die Seelenenergie".

Mehr Informationen zur Technik Touch of Oneness finden Sie unter www.touch-of-oneness.de